Ecoespiritualidad para laicos

Primera edición, junio de 2025

El Desvelo Ediciones
Javier Fernández Rubio, director

Editorial Almuzara, S. L.
Parque Logístico de Córdoba
Ctra. Palma del Río, km 4
C/8, Nave L2, módulos 6-7, buzón 3
14005 - Córdoba
(+34) 957 467 081

eldesvelo.es
almuzaralibros.com
eldesvelo@almuzaralibros

ISBN: 979-13-877990-6-9
IBIC: RND, 1DSE
THEMA: RND, 1DSE
Depósito Legal: CO 1018-2025
Impreso en España-Gráficas La Paz

Imagen de cubierta, Caspar David Friedrich, *El cazador en el bosque*, 1812

Los editores quieren agradecer la colaboración prestada por La Fundación
Canaria Reserva Mundial de la Biosfera La Palma a la hora de hacer posible
esta segunda edición.

Jorge Riechmann

Ecoespiritualidad para laicos

Cuaderno de apuntes

El Desvelo
EDICIONES

Nota previa

«Hoy en día es casi un lugar común afirmar que la espiritualidad gana presencia en nuestra sociedad», señala la socióloga Mar Griera nada más comenzar el texto con que contribuye al *Informe Ferrer Guardia 2023 sobre Nuevas espiritualidades, nuevos dogmatismos*.[1] Quizá la rapidez con que se agotó la primera edición de *Ecoespiritualidad para laicos* sea un indicio más en ese sentido. El libro fue llegando a las librerías en octubre de 2024, pero ya en la primavera de 2025 costaba encontrar algún ejemplar, y en ese momento Javier Fernández Rubio (editor de El Desvelo que justo en ese invierno de 2024-25 se estaba integrando en el grupo Almuzara) me propuso preparar una segunda edición: ésta que ahora tienes entre manos, curioso lector, atenta lectora. En ella he corregido algunas erratas y añadido algo de texto nuevo.

Cabe suponer que el esfuerzo por hallar un sentido a la existencia humana es una suerte de constante antropológica: seguramente operaba de manera análoga en los pintores o pintoras de la cueva de Chauvet a como lo hace hoy en día, cuando tratamos de orientarnos en medio de una crisis de civilización devastadora. Lo (relativamente) nuevo, no obstante, es que hoy realizamos ese esfuerzo con una conciencia de fin de un mundo (no fin del mundo) que va extendiéndose, y ante un horizonte histórico que se entenebrece por momentos.

A medida que se ahonda la crisis terminal de nuestro mundo, la fórmula de saludo «¿todo bien?» ha ido desplazando otras que empleábamos antes: «¿cómo te encuentras?» «¿Qué tal estás?»

---

1 Mar Griera, «Pensar la espiritualidad hoy: entre la genética, el neoliberalismo y la crítica socia», *Informe Ferrer Guardia 2023 sobre Nuevas espiritualidades, nuevos dogmatismos*, Barcelona 2023, p. 17 y ss.

«¿Cómo van las cosas?» Con «¿todo bien?» estamos solicitando de manera implícita una afirmación optimista que hoy ninguna persona lúcida podría entregar de forma responsable. A mí, desde hace años, la formulita de marras me produce un gran rechazo. Sabemos que casi nada está bien y que las cosas van empeorando rápidamente, y al mismo tiempo intuimos que no podemos tirar la toalla, que no debemos ceder al nihilismo en ascenso, aunque sólo fuese por el nexo que nos vincula con nuestros muertos y con las generaciones más jóvenes. Pero ¿cómo dar sentido a todo esto?

«Quisiera ir a China para orientarme un poco», escribió el poeta Blas de Otero. ¿Dónde podríamos orientarnos hoy? No hace falta ir lejos —tampoco viajar a ningún Oriente lejano—. En realidad tres clases de práctica nos permitirían avanzar mucho: primero pausa, detención, lentitud. Además: ¡fuera de la pantalla! Y por último: ser capaz de atinar, en el mar de desinformación donde nos ahogamos, con el hilo conductor de los buenos maestros y las buenas lecturas.

El lema de nuestra era debería ser «intenté vivir, pero me distraje», sugiere Johann Hari en su libro *El valor de la atención*. Intenté vivir, pero un puñado de megaempresas capitalistas que pelean por hacer negocio a costa de nuestra capacidad de atención me distrajeron… Bueno, nosotros vamos a intentar seguir atentos a lo que pasa, a lo que no pasa y a lo que sin embargo podría suceder.

La primera edición de esta *Ecoespiritualidad para laicos* encontró lectores y (sobre todo) lectoras muy entusiastas: Rebeca, Ana, Amador… La poeta Begoña Abad me escribió desde Logroño para explicar su cercanía respecto a esta obrita y al final de su carta mencionaba un par de frases que se le habían quedado grabadas (y que sentía sintetizaban también su propia meta): una es «mi legado son las cosas que he mirado con piedad» y la otra «mirar de frente la verdad y actuar con un corazón compasivo».

Para no dar lugar a equívocos: no quiero ser maestro ni gurú de nadie. Sigo, en eso, fiel a la Ilustración europea más o menos kantiana.[2]

JORGE RIECHMANN
Cercedilla, Semana Santa de 2025

---

2. La Ilustración europea —con su anastomosis que la conectaría con ciertos pueblos originarios, no lo olvido—, si la purgamos de sus elementos coloniales, patriarcales, capitalistas, mecanicistas y antropocéntricos, sigue siendo algo bastante presentable.
   Sobre la mencionada anastomosis véase David Graeber y David Wengrow, «Maldita libertad. La crítica indígena y el mito del progreso», capítulo 2 de su libro *El amanecer de todo*, Ariel, Barcelona 2022.

Ecoespiritualidad para laicos

Un cuaderno de apuntes, sí. ¿Cuándo llegué al *Cuaderno de apuntes* de Fernando Zóbel (publicado por la Galería Juana Mordó de Madrid en 1974)? En enero de 1984, y aún lo tengo a mano en mi biblioteca. Un libro ejemplar compuesto sólo con citas cuidadosamente escogidas (a lo Walter Benjamin), un «cuaderno de apuntes sobre la pintura y otras cosas». El artista había pensado alguna vez escribir sobre pintura, pero «me he dado cuenta de que ya lo tengo hecho, aunque está escrito por otros: casi todo lo que quiero decir está dicho en mi colección de citas» (explica en la breve introducción al breve libro). Yo tenía 22 años, y subrayaba exclamaciones como: «¡Ojalá vivas todos los días de tu vida!» (Jonathan Swift).

Estar vivo es un milagro. Sencillamente existir puede ser el mayor de los placeres. Antes que *collige virgo rosas*:[3] deja que la rosa te ayude.

«Tan sencillo como coger el coche y salir de casa», oye uno en la mesa de al lado, en uno de esos cafés que resultan tan necesarios para leer y escribir… ¿No se nos ocurre que se puede salir de casa y caminar?[4]

---

3. Si dejamos que nos ilustre la Wikipedia: «*Collige, virgo, rosas* es una locución latina extraída de un verso del Ausonio o de Virgilio que significa literalmente *coge, muchacha, las rosas*. Es una incitación a aprovechar la juventud mientras dura porque el tiempo pasa y marchita la belleza, simbolizada por la rosa».

4. «David Le Breton ha investigado modos sutiles de desacato al imperativo de *ser uno mismo*, de estar permanentemente conectado y disponible, de estar siempre a la altura. Habla del silencio y el caminar. Nos propone verlos como formas de resistencia políticas. Como fugas activas del ruido de la conexión permanente, como modos de volver a tomar contacto, no con el Yo, sino con el propio deseo, como ejercicios de atención a la propia fuerza (ritmo, cuerpo, respiración), como disfrutes no

El fragmento es la expresión natural del caminante. Para el escritor que camina la obra no queda contenida entre las tapas de un libro: se trata sobre todo del ligero texto que excursiones, marchas, paseos y viajes a pie han ido trazando sobre la piel de la Tierra.

Éste es un libro de caminante, como bastantes de los que he escrito. ¿Lo he escrito? Los libros de un caminante casi se van escribiendo solos.

Paul Klee hablaba del dibujo como «una línea que se va de paseo»; a la inversa, podemos concebir nuestros paseos y excursiones como un dibujo en el territorio. Y debería importarnos que ese dibujo sea veraz, explorador y bello.

Tendríamos que empezar cada conversación, cada debate y también cada libro con aquello de Pasolini justo antes de ser asesinado: *Siamo tutti in pericolo.*[5]

«El mundo arde y se ahoga ante nuestros ojos». Así lo formulaba Antonio Guterres, Secretario general de Naciones Unidas —que alguna información tiene al respecto—, en noviembre de 2022, en la COP27 (la conferencia mundial sobre el clima que se celebra cada año, como un ritual angustioso).

En mayo de 2024, James Hansen —a quien llamo a veces, en broma, el Climatólogo en Jefe del planeta Tierra— observa: a efectos prácticos, estamos sobrepasando justo ahora el límite de

---

mercantilizados, que no se *capitalizan*, que no son medios para fines…» Amador Fernández-Savater, «Políticas del deseo: retomar la intuición del 68», *eldiario.es,* 11 de mayo de 2018; https://www.eldiario.es/interferencias/mayo-del-68-deseo-lyotard_132_2124280.html. El autor ha desarrollado más por extenso estas ideas en *Capitalismo libidinal. Antropología neoliberal, políticas del deseo, derechización del malestar,* NED eds., Barcelona 2024.

5. Pier Paolo Pasolini entrevistado por Furio Colombo, «Siamo tutti in pericolo», publicado en *La Stampa,* 8 de noviembre de 1975. Véase por ejemplo: https://www.cabradapeste.org/siamo-tutti-in-pericolo

+1,5ºC (sobre las temperaturas preindustriales), el límite «de seguridad» que establecía el acuerdo climático de París (en 2015).[6]

De manera altamente simbólica, el glaciar Humboldt, el último de los seis que hasta hace poco existían en Venezuela (hasta donde llega la cordillera de los Andes), ha desaparecido también en esta primavera de 2024.[7] Llevaba el nombre del gran investigador Alexander von Humboldt, en cierta forma padre de las Ciencias de la Tierra, quien en el lago Valencia en Venezuela, en el año 1800, al ver la sequía debida a la deforestación aventuró la idea del cambio climático inducido por el ser humano.

Nos cansamos de repetir que la emergencia climática «lo cambia todo», o que la crisis ecológica es un auténtico *game-changer*. Pero ¿no supone eso dar por sentada un tipo de racionalidad social colectiva que sencillamente no existe?

Estamos todos, todas en peligro.

Y usted, señor Mengánez, se preguntará: ¿de verdad tengo que preocuparme de lo que pueda estar pasando con el metano en los fondos marinos de la Antártida?

La respuesta es; sí, sin duda.

Un equipo de científicos españoles ha detectado en el subsuelo marino de la Antártida «emisiones masivas» de metano, gas de «efecto invernadero» con una capacidad de calentar el planeta unas treinta veces superior a la del dióxido de carbono.

---

6. «La temperatura global ahora está cerca de su punto máximo debido a la disminución de aerosoles junto con El Niño. ¿Hasta dónde caerá en la próxima La Niña? Si el promedio de El Niño/La Niña es ~1,5°C, dado el desequilibrio energético de la Tierra, ahora estamos superando el nivel de +1,5°C, a efectos prácticos». https://x.com/DrJamesEHansen/status/1791098653622571341

7. Alind Chauhan, «Going glacier gone: How Venezuela lost its last glacier, why this matters», *Indian Express,* 20 de mayo de 2024; https://indianexpress.com/article/explained/explained-climate/venezuela-glaciers-9337469 /

Los investigadores, a bordo del buque Sarmiento de Gamboa, han observado columnas de metano en el océano de hasta 700 metros de longitud y 70 metros de ancho. «Estos fenómenos ya se habían registrado en el Ártico, pero esta es la primera vez que se detecta en la Antártida», afirma Ricardo León, del Instituto Geológico y Minero de España. Advierten los climatólogos: estas emisiones, desconocidas hasta ahora, podrían ser una bomba para el clima del planeta.[8] Realimentación del calentamiento global que nos aproxima otro poquito a la catástrofe climática…

Tácitamente estamos dando por perdido lo humano, en tres sentidos diferentes: A) por el horizonte de extinción ante el que nos sitúa la crisis ecológico-social (*La Tierra inhabitable* se titula un concienzudo ensayo de David Wallace-Wells sobre el calentamiento global). B) Por la fuga hacia lo transhumano hacia la que empujan poderosas corrientes en la cultura contemporánea (yo hace tiempo que las llamo *antropófugas*). C) Porque se degrada nuestra humanidad en sentido normativo, por ejemplo cuando nos inscribimos en tribus combatientes en vez de en la familia humana común.

El dramaturgo y director teatral Wajdi Muawad constata que «la idea de humanidad se vuelve cada vez más frágil», y en medio de la crisis contemporánea se pregunta cómo seguir creyendo «en valores comunes que han perdurado desde los albores de la civilización»: ayuda mutua y conciencia comunitaria, pero también «desarrollo de un pensamiento de tipo espiritual». Para él, hacer teatro es «negarse a jugar el juego del

---

8. Manuel Ansede, «Detectadas fugas masivas de metano en la Antártida, una posible bomba para el calentamiento del planeta. Una expedición científica española descubre columnas de gas que brotan del subsuelo marino», *El País*, 12 de febrero de 2025; https://elpais.com/ciencia/2025-02-12/detectadas-fugas-masivas-de-metano-en-la-antartida-una-posible-bomba-para-el-calentamiento-del-planeta.html

fin del mundo, la desesperación, la oscuridad y la división».[9]

Hemos de defender nuestra humanidad básica. En cuanto miembros de la familia humana; en cuanto eslabones de la cadena generacional que nos vincula con el pasado y el futuro; en cuanto parientes de todos los demás seres vivos; y en cuanto seres terrestres que forman parte de Gaia / Gea, la Madre Tierra.

Esta civilización naufraga… Un ejemplo impresionante de estos días, que retrata el nihilismo dominante en toda su crudeza: en Groenlandia, cuya criosfera se deshace por el calentamiento global, un empresario ha tenido la idea de vender hielo de los glaciares a los bares de cócteles más exclusivos de los Emiratos Árabes Unidos,[10] ese petroestado que contribuye como pocos a realimentar el apocalipsis climático.

Esta civilización naufraga y se engaña sobre cómo está naufragando: la supuesta *transición ecológica* (hacia la digitalización, el coche eléctrico, el hidrógeno, etc.) también conduce, en la realidad, a la devastación ecológica de la Tierra.

Esta civilización naufraga, y la orquesta del Titanic debería ponerse a construir balsas y almadías. (La praxis adecuada antes de que el Titanic choque contra el iceberg y aún hay opciones de evitar la colisión no es la misma cuando el choque ya se ha producido.) «Construir una sociedad más sostenible» podía tener alguna plausibilidad antes del choque. Hoy más bien se trata de construir Arcas de Noé.

No es una «crisis climática»: es un fin de mundo. Y por eso la cuestión de la espiritualidad, de las ecoespiritualidades, cobra una actualidad inaudita.

---

9. Wajdi Muawad, «La guerra civil española profetizó el siglo XXI», *Babelia,* 20 de enero de 2024.

10. Ole Ellekrog, «Greenland startup begins shipping glacier ice to cocktail bars in the UAE», *The Guardian,* 9 de enero de 2024; https://www.theguardian.com/world/2024/jan/09/greenland-startup-shipping-glacier-ice-cocktail-bars-uae-arctic-ice

Vivimos un fin de mundo. Y nos decimos para tranquilizarnos: no es tan excepcional, ya hubo otros fines de mundo y el mundo siguió adelante. Cierto, Gaia seguirá adelante. Pero nos mentimos piadosamente, porque esta vez un fin de mundo sí podría ser el fin del mundo humano (por catástrofe bélica o *runaway climate change*).

Mas incluso si se trata sólo de un fin de mundo (pongámoslo así: el mundo blanco, patriarcal, colonial, industrial, capitalista, antropocéntrico), permanece la pregunta lancinante: ¿cómo podemos seguir arrastrándonos de un día al siguiente en esta ficción de normalidad?

Alba Muñoz escribe: «La pregunta será cuándo sale otra serie que analice con finura nuestro inmovilismo acelerado, que nos haga olvidar, mientras pensamos en ello, cómo la guerra pasó a ser un problema de salud mental, cómo estar histérica por una matanza indiscriminada [en Gaza] se volvió un gesto contrario a la propia supervivencia, y protestar, algo de locos, propio de personas-cartel que hablan con Dios y anuncian el apocalipsis. La pregunta será cuándo sale la nueva obra de metateatro que nos hable de nuestro consumo compulsivo de ficción para acallar el miedo a que nuestras vidas empeoren de golpe en vez de lentamente.»[11]

Me he vuelto bastante intolerante frente a los elogios escapistas de la ficción.

Adelina Calvo me solicitó este libro en los siguientes términos: «un breve texto sobre la importancia de la espiritualidad en personas que no somos religiosas, algo así como un manual de espiritualidad para ateos». Acepté el encargo con gusto.

El verdadero ateo —apunta Joan Brossa— es el que no cree en sí mismo. ¿Hay mejor manera de conocerse a sí mismo que tratar de borrarse?

---

11. Alba Muñoz, «Escribir sobre cocina y Gaza», *La Lectura,* 15/3/2024.

La desesperanza existencial tiene cura, el pesimismo antropológico se sobrelleva.[12] Lo realmente grave viene de constatar el fin de los tiempos a que nos aboca el colapso ecológico-social… «No es el fin del mundo» (*Not the End of the World*, 2023), se titula el libro de Hannah Ritchie que trata de animar al optimismo frente a una catástrofe ecológica muy difícil de asumir. No, claro que no es el fin del mundo, *pero sí el fin de un mundo*: el mundo insostenible del capitalismo colonial, fosilista, patriarcal, financiarizado.[13]

---

12. Andrés Ibáñez censura con razón la tristeza impostada de los escritores: «Tanta desesperanza, tanto pesimismo. La verdad es que el mundo literario es un coñazo y una depresión. El mundo literario es serio, seco, amargo, descreído, desdeñoso, escéptico, frío. Maduro, mental, intelectual, inteligente. Me gusta más el mundo de la música o el mundo del teatro, sonde siempre hay entusiasmo, vida, humor, calor. (…) Necesitamos imágenes de maravillosos colores y necesitamos historias apasionantes y necesitamos música sensual y mística, porque necesitamos sensaciones, impresiones y emociones, y los necesitamos para vivir, las necesitamos como el aire o la comida. Lo que no necesitamos es asco, miedo y mierda, que es lo que muchos de los escritores creen que es su obligación darnos en estos tiempos. La vida es una mierda, va diciendo el escritor lúcido entre sorbo y sorbo de su whisky…» («Oh, tristes escritores», *ABC Cultural*, 25 de marzo de 2016).
13. Corine Pelluchon, filósofa de la vulnerabilidad y la consideración, establece un nexo interesante entre la tragedia climática (que ella tiende quizá a minusvalorar un poco) y la menopausia: «La menopausia es una época de cambios. Es una edad interesante. Es el arte de la metamorfosis. Es una edad en la que te das cuenta de que tienes que aceptar el cambio y la pérdida, y aceptar que algunas cosas ya se han perdido. Cuando te haces mayor, es hora de hacer balance. Tenemos menos tiempo, menos oportunidades. A nivel colectivo, también tenemos que hacer balance, para ver lo que hay que conservar o, por el contrario, suprimir y transformar. El calentamiento global no es el fin del mundo, sino el fin de un mundo. ¿Cómo podemos organizarnos con menos opciones? ésa es la pregunta que debemos hacernos hoy ante el cambio climático». Corine Pelluchon: «Nous sommes dans une société qui fait de la guerre un principe structurant» (entrevista), *L'Echo*, 20 de abril de 2023; https://www.lecho.be/opinions/general/corine-pelluchon-nous-sommes-dans-une-societe-qui-fait-de-la-guerre-un-principe-structurant/10461645.html

El mundo del *capitalismo caníbal* (Nancy Fraser): nuestro mundo.

Como esos pacientes temerosos que dicen «doctor, no me informe de que tengo cáncer; prefiero no enterarme», nuestra sociedad dice: no me hables de cambio climático, no me hables del envenenamiento de la biosfera, no me hables de *peak oil*... Uno necesita serenidad para hacer frente a su muerte: tanto más —inconmensurablemente— para afrontar el colapso de su civilización.

Nuestra relación con la Tierra es ecocida. Pero eso significa, si entendemos bien las cosas, que es también antropocida...

He de preguntarle al sabio Luis Enrique Alonso: ¿es verdad —verdad sociológica— que todos lo sabemos? *Everybody knows*, cantaba Leonard Cohen... Y Tamara Lindeman: en algún momento habrá que vivir como si la verdad fuese cierta.

Somos una sociedad negacionista: no tanto respecto al cambio climático (los negacionistas climáticos en nuestro país, confinados a algunas franjas de la ultraderecha, no son numerosos) sino en todo lo que atañe a los límites biofísicos, y a cómo el choque de las sociedades industriales contra ellos tendría que cambiarlo casi todo. No vemos porque no queremos ver; y porque no queremos ver, no vemos.[14]

---

14. Una manera interesante de abordar el negacionismo es la taxonomía tripartita que presenta Stanley Cohen en *States of Denial: Knowing about Atrocities and Suffering* (Wiley, 2001): *negación literal, interpretativa e implicatoria*. La resume así Andreas Malm junto con el colectivo Zetkin: «Si alguien afirma que algo malo no ocurre y no es verdad, su negacionismo es literal; si acepta que ocurre, pero le otorga un significado menor del que tiene —si replantea el evento, ofusca sus efectos, exculpa a los responsables, etc.—, se trata de una negación interpretativa. Pero la forma más insidiosa tal vez sea la tercera, la negación implicatoria. En esta modalidad, se aceptan los hechos y la gravedad del asunto, pero no se actúa. El problema no es el desconocimiento. El daño se admite completamente, pero la obligación de intervenir se suprime mediante alguna técnica cognitiva.

Los ejemplos serían innumerables, pero aquí van sólo dos de ellos, extraídos del mismo periódico el mismo día, un 16 de mayo de 2024. Habrá elecciones europeas en junio, y Claudi Pérez analiza algunas de sus dimensiones en una columna periodística, enumerando «los tres grandes desafíos a los que nos enfrentamos en los últimos tiempos». ¿Cuáles son estos? «Europa pierde competitividad. Va muy por detrás de EEUU y China en la revolución tecnológica. Nadie toma en serio a la UE como actor de política exterior…»[15] Para qué hablar de la tragedia climática, o de la inviabilidad de nuestra forma de producir alimentos.

Ignacio Sánchez Cuenca deplora que «se ha instalado en la ciudadanía la opinión de que su país está yendo en la dirección equivocada y que la generación de los hijos vivirá peor que la de sus padres». Los datos no avalan el pesimismo reinante, afirma, y se refiere a los niveles de riqueza (PIB por persona), un mercado de trabajo menos disfuncional, pensiones garantizadas y la reducción del abandono escolar.[16] ¿A qué mencionar que estamos destruyendo la habitabilidad de la Tierra (para seres como nosotros)?

Así, como sonámbulos, seguimos caminando hacia el abismo.

Y cuando los reaccionarios deciden enterarse, cuando asumen que hay realidad en la crisis ecosocial que analizamos, el resultado suele ser estremecedor… Julio Setién me contaba

---

Profundizando en las ideas de Cohen, Kari Marie Norgaard argumenta en su obra *Living in Denial: Climate Change, Emotions and Everyday Life* que el negacionismo implicatorio ha sido la respuesta general a la crisis climática en los países capitalistas avanzados». Andreas Malm y colectivo Zetkin, *Piel blanca, combustible negro*, Capitán Swing, Madrid 2024, p. 571-572.
15. Claudi Pérez, «La semilla de la violencia», *El País*, 16 de mayo de 2024.
16. I. Sánchez Cuenca, «Las raíces del malestar», *El País*, 16 de mayo de 2024.

la reacción de un derechista amigo suyo al captar por fin algo de la realidad del calentamiento global y la crisis energética: «Así que ¿me estás diciendo que sobran mil millones de negros?»[17]

Es así de tremendo. La conciencia de finitud, vulnerabilidad y mortalidad puede propiciar una buena respuesta: el camino del cuidado, el amor compasivo y la consideración. Pero puede también generar una reacción de violencia y dominación: es la pregunta que se hacía Gabriel Albiac en una entrevista que he citado otras veces. «Un bicho que es mortal y que, al mismo tiempo, lo sabe, cómo demonios se las apaña para no exterminar a todo lo que hay alrededor»…[18]

En abril de 2025, Donald Trump ha firmado un decreto para eliminar las normas sobre cabezales de ducha (destinadas a

---

17. Comunicación personal, 9 de mayo de 2024.
18. Gabriel Albiac (en una entrevista en *Filosofía Hoy* 50, invierno de 2015-2016, p. 12) recomienda releer los escritos de Freud entre 1914 y 1920. https://www.ucm.es/data/cont/media/www/pag-76765/ALBIAC.pdf
    Elisabeth Roudinesco, biógrafa del fundador del psicoanálisis, enfatiza que Freud «puede enseñar a comprender los males de la civilización. Ahora estamos en una crisis europea que se parece mucho a la de hace un siglo, con un aumento de los nacionalismos que amenazan la Ilustración. Freud es de los pocos que entendió la voluntad de autodestrucción del hombre por sí mismo y la capacidad de luchar contra ello. En ese sentido es muy moderno. Es un clásico que nos permite reflexionar sobre la modernidad. Sólo el acceso a la civilización, a la cultura, mediante la sublimación, pueden salvar al ser humano y a las sociedades de su tentativa de autodestruirse. Sólo la capacidad de vivir en sociedad y de comprometerse, en nombre de un ideal común, puede llevar al bienestar para todos. Esas ideas, que están en la base de una de las obras fundamentales de Freud, *El malestar en la cultura*, deberíamos tenerlas ahora muy presentes» (Elisabeth Roudinesco: «Freud entendió la voluntad de autodestrucción del hombre», entrevista por Emma Rodríguez en *Lecturas sumergidas* 29; http://lecturassumergidas.com/2015/09/29/elisabeth-roudinesco-freud-entendio-la-voluntad-de-autodestruccion-del-hombre /).

evitar el desperdicio de agua). Según este patán, la medida hará que las duchas de EEUU «vuelvan a ser grandiosas» y «pondrá fin a la guerra de Obama y Biden contra la presión del agua [para ahorrar]». «En mi caso, me gusta darme una buena ducha para cuidar mi hermoso cabello», dijo Trump al firmar el decreto que, según la Casa Blanca, se aplicará a varios aparatos domésticos, incluidos los inodoros y los lavabos: «Tengo que quedarme bajo la ducha durante 15 minutos hasta que se moja el pelo. Sale gota a gota. Es ridículo». La Casa Blanca afirmó en un comunicado sobre la orden: «Al restaurar la libertad en la ducha, el presidente Trump cumple con su compromiso de eliminar regulaciones innecesarias y poner a los estadounidenses en primer lugar».[19]

El ahorro de agua es *woke*... Puede parecer una minucia, pero está lejos de serlo. Yo lo llamaría nihilismo de alcachofa de ducha.

Durante su primer mandato, Trump eliminó normas más estrictas sobre eficiencia energética en bombillas, argumentando que los consumidores debían tener libertad de elección. En ese momento, Xavier Becerra, entonces fiscal general de California, calificó la medida como «otra decisión absurda que desperdiciará energía a costa de nuestra gente y del planeta». El primer gobierno de Trump también introdujo excepciones que permitían fabricar electrodomésticos menos eficientes, como lavavajillas y duchas. Ya saben ustedes: ahorrar agua o energía es *woke*. En realidad, cuidar del prójimo es *woke*. Y ya, cuando se vienen arriba, acaban desvelando que todo lo que no sea sadomasoquismo es *woke*.

---

19. Lois Beckett y Oliver Milman: «Trump firma un decreto sobre la presión del agua para *restaurar la libertad en la ducha*», *el diario.es,* 1o de abril de 2025; https://www.eldiario.es/internacional/theguardian/trump-firma-decreto-presion-agua-restaurar-libertad-ducha_1_12208493.html

La escritora y periodista Nuria Labari escribe que la mítica frase de John Lennon, según la cual «la vida es aquello que pasa mientras estás ocupado haciendo otros planes», ya no sirve en 2024. «Da igual si tienes 14, 30 o 70 años, el sentimiento compartido es que el sentido de la vida pasó de largo».[20]

Hay pocas cosas más destructivas para un ser humano que la vivencia de sinsentido. Cuando ésta parece extenderse a la vida entera ¿cómo sorprendernos de que cunda un nihilismo abismal —a menudo disfrazado con una mueca de alacridad consumista— en nuestras sociedades?

El nihilismo activo de las elites se ve reflejado en el nihilismo pasivo de las masas –y eso, por desgracia, conforma una mayoría social en el Norte global.

En 1996 Claudio Magris escribió: «En este inicio de milenio muchas cosas dependerán de cómo nuestra civilización recoja este dilema: combatir el nihilismo o llevarlo hasta sus últimas consecuencias». No hay muchas dudas del camino que ha venido siguiendo «nuestra civilización».

Una de las aristas de nuestra crisis multidimensional (y no de las menos importantes) es una profunda *crisis de sentido*. Esto puede trastornarnos muy profundamente. Escribió Clara Zetkin (1857-1933): «Una multitud cada vez mayor busca una ruta de escape del horrible sufrimiento de nuestros tiempos. Esto implica mucho más que tener la barriga llena. No, lo que más buscan es escapar de una profunda angustia del alma».[21] La luchadora feminista y comunista redactaba esas líneas en 1923, siendo diputada por el KPD en el Reichstag de

---

20. Nuria Labari, «La vida ya pasó, nos quedan los planes», *El País,* 17 de marzo de 2024.
21. Clara Zetkin, *Fighting Fascism: How to Struggle and How to Win,* Haymarket, Chicago 2017, p. 60. Citada por Malm y colectivo Zetkin en *Piel blanca, combustible negro,* op. cit., p. 591.

la República de Weimar y viendo triunfar el fascismo en Italia; pero su advertencia nos interpela también hoy, cuando vemos desgarrarse la red de la vida y nos quejamos de ecoangustia y ansiedad climática.

No me interesa tanto la ecoangustia (del todo justificada y comprensible, habida cuenta de la desesperada situación ecosocial en que nos hallamos) como la ecoarticulación y la ecopelea.

Europa está fracasando de muchas maneras estos últimos años (más bien decenios), pero una de las que me impresiona en estos días iniciales de 2024 es que Noruega (Europa no es sólo la UE) se haya convertido en el primer país del mundo que autoriza la minería submarina (y planea verter los miles de toneladas de residuos en sus renombrados fiordos).[22] Primero, el país de Arne Naess se convirtió en un petroestado, a partir de los años ochenta; y a la vuelta de la COP28, a finales de 2023, el ministro laborista Terje Aasland aseguró que el acuerdo firmado allí (el 13 de diciembre), que evocaba el abandono progresivo de los combustibles fósiles, «no cambia nada para Noruega». Dicho y hecho: pocas semanas más tarde anunciaba la concesión de 62 nuevas licencias de exploración petrolera y gasista.[23] Ahora, a comienzos de 2024, con la minería submarina el país da un salto brutal en el extractivismo,[24] que alienta a movimientos

---

22. Miranda Bryant, «Norway votes for deep-sea mining despite environmental concerns», The Guardian, 9 de enero de 2024; https://www.theguardian.com/environment/2024/jan/09/norway-set-to-approve-deep-sea-mining-despite-environmental-concerns
Elisabeth Ulven y Tone Sutterud, «Norway to allow mining waste to be dumped in fjords», The Guardian, 12 de enero de 2024; https://www.theguardian.com/world/2024/jan/12/norway-to-allow-mining-waste-to-be-dumped-in-fjords
23. «La Norvège multiplie les licenses pétrogazières», Le Monde, 19 de enero de 2024.
24. El proyecto, más tarde, fue paralizado (al menos durante un tiempo)

similares en otros lugares («si ellos lo hacen, yo no voy a quedarme atrás», aunque el resultado sea la ruina común).

La supuesta «conciencia verde» de Europa se revela en casi todas partes como mero capitalismo verde. La «ecológica» y socialdemócrata Noruega impulsa la carrera hacia el despeñadero de múltiples formas, y uno no puede dejar de pensar: ¿cómo alcanza tales niveles la ceguera voluntaria?

El contrapunto a Noruega nos lo ofrece Portugal, primer país europeo en prohibir la extracción de minerales del fondo de los mares al menos hasta el año 2050. En marzo de 2025, el país decretó «una moratoria a la minería en los fondos oceánicos en el espacio marítimo nacional, abarcando actividades de prospección y exploración hasta el 1 de enero de 2050».[25]

El turismo, tal como lo organiza actualmente el capitalismo, es uno de los mayores destructores de la posibilidad de vida humana en la Tierra. Y sin embargo nuestro *establishment* celebra cada nuevo récord turístico: en 2023 llegaron a España más de 84 millones de turistas extranjeros, récord histórico (casi un 50% más que hace sólo un decenio: 57,5 millones en 2014). En 2024 fueron 93,8 millones, lo que representa un nuevo máximo histórico. A escala mundial, hace una década, el número de viajes internacionales era 1.130 millones; en 2023 se sumaron 1.300 millones de llegadas internacionales. Y el secretario general de la OMT (Organización Mundial del Turismo) lo celebra con entusiasmo, añadiendo, eso sí, la jaculatoria de rigor: «Estas cifras recuerdan la tarea fundamental de fomentar la sostenibilidad y la inclusión en el desarro-

---

por la movilización ciudadana.

25. Arturo Larena, «Portugal es el primer país europeo en vetar la minería submarina hasta el año 2050», *EFE verde,* 1 de abril de 2025; https://efeverde.com/portugal-es-el-primer-pais-europeo-en-vetar-mineria-en-el-fondo-del-mar-hasta-el-ano-2050 /

llo turístico».[26] Es el mantra del capitalismo verde: *fomentar la sostenibilidad y la inclusión en...*, y añada usted cualquier cosa. Todo vale para rellenar un sintagma huero. ¿Por qué no «fomentar la sostenibilidad y la inclusión en el desarrollo de nuestros campos de concentración», los cuales, allí donde aún no existen, ya se van preparando?[27]

En 2022-24, cosechas malas (tirando a catastróficas) de aceitunas, cacao, naranjas para zumo... Productos «de lujo». Cuando las malas cosechas sean de arroz o trigo, los efectos de la masacre global que estamos preparando (con nuestra inacción frente a la crisis ecosocial) se harán patentes.

Si la naturaleza es el cuerpo extendido del ser humano, como intuyó el joven Marx garabateando en los *Manuscritos de París,* cuidar de la Madre Tierra no es sólo un imperativo ético sino también un consejo pragmático: hijo, por la cuenta que te trae...

Cuando al realismo lo llamamos pesimismo, tenemos un problema. Yo decidí dejar de autoengañarme –eso que la inmensa mayoría de la gente llama «cultivar el pesimismo». La doxa dominante nos intima: hay que dar a toda costa SEÑALES DE ESPERANZA. (En nuestro país, se han especializado varios divulgadores en ello, Javier Peña es el más conocido: si hay que retorcer un poco la realidad para lograr que aflore la SEÑAL DE ESPERANZA, no duda en hacerlo.) Yo prefiero tratar de no engañarme (más abajo volveré sobre esta importante cuestión).

Probablemente sólo puede soportarse esa posición recurriendo al humor. «Filmo por odio, por revancha, por vengarme

26. Cristina Galindo, «El turismo exhibe su fortaleza en FITUR tras batir todos los récords», *El País,* 24 de enero de 2024.
27. Alba Sidera, «Nazisme d'aquí a deu anys», *El Punt Avui,* 24 de enero de 2024.

de la realidad, que es espantosa», declara el cineasta Arturo Ripstein. «El humor es la única salvación.»[28] Lo único que faltaría es que, además de tener que afrontar un fin de mundo, perdiésemos el buen humor.[29]

Ninguna de nuestras otras preocupaciones alcanza la importancia de este hecho enorme: *estamos perdiendo la habitabilidad de la Tierra* (para seres como nosotros). Pero, confrontados con esta enormidad, por lo general desviamos la mirada.

Uno de los sesgos cognitivos frente a los cuales nos advierten los psicólogos es la *ilusión de foco:* nada en la vida es tan importante como se cree cuando uno está pensando sobre ello[30]. Pero en relación con aspectos clave de la crisis ecosocial global, como la tragedia climática o la Sexta Gran Extinción, la situación real es exactamente la contraria, y podríamos llamarla *desproporción de foco:* aunque nos esforcemos, no llegamos a captar de verdad la enormidad de los procesos que han desencadenado las sociedades industriales. Algo que la aguda reflexión de Günther Anders ya sugirió hace decenios.

---

28. Arturo Ripstein entrevistado en *El País Semanal,* 1 de mayo de 2016.
29. Paco Fernández Buey recuerda la práctica de Manuel Sacristán, en sus últimos años, de «hablar y escribir como derrotado con buen humor, con autoironía, conservando lo que un día no tan lejano se llamó *el ideal.* Esto sonará a atrabiliario, pero la historia da muchas vueltas: el mantenimiento del ideal con autoironía es una flor rara cuyo olor sigue atrayendo incluso a quienes tienen un sentido del olfato distinto del que tuvo el filósofo…» (Francisco Fernández Buey, *Sobre Manuel Sacristán* (ed. de Salvador López Arnal y Jordi Mir), El Viejo Topo, Barcelona 2015, p. 333).
30. No habría que perder de vista tampoco el *sesgo de normalidad:* creemos, irracionalmente, que nunca nos ocurrirá nada malo porque antes no nos ha ocurrido. Se estima que un 70% aproximadamente de las personas presentan este sesgo de normalidad en situaciones de emergencia o desastre.

En mayo de 2024, una estación meteorológica de Nueva Delhi ha registrado 52,3 grados, un récord en la capital de la India, en medio de una ola de calor extrema en el norte del país asiático. «La zona de Mungeshpur, en las afueras de la capital y fronteriza con el desértico estado de Rajastán, registró hoy según el Departamento Meteorológico de la India (IMD) esta temperatura prácticamente invivible.»[31]

No es sólo, por desgracia, *vivir peor que nuestros padres* (Azahara Palomeque); la cosa va además de morir de formas bastante espantosas.

No puede ser que uno necesite treinta años de educación formal y un inacabable programa de lecturas profundas para conseguir orientar su vida medio bien. Una cultura viable nos situaría en la dirección correcta ya de niños, y luego sólo vendrían correcciones menores.

¿La tarea —desmesurada— de la filósofa, del filósofo, sería comprender el universo? Yo veo una meta mucho más modesta: proporcionar herramientas intelectuales que nos permitan sortear con bien (si tenemos mucha, muchísima suerte) el Siglo de la Gran Prueba. Contribuir a ese *cambio cultural sísmico* por el que claman los climatólogos:

«Si seguimos por el camino actual, la civilización tal y como la conocemos desaparecerá. (…) Más allá de los cambios políticos y las inversiones, es imperativo un cambio cultural sísmico para alejar a la humanidad de la autodestrucción y conducirla hacia un futuro justo y sostenible. Debemos reajustar nuestra voluntad política, nuestras prioridades económicas y nuestros valores sociales para reconocer que el bienestar ecológico va unido al bienestar humano.

31. Redacción EFE Verde, «Récord de calor en Nueva Delhi con 52,3 grados», 29 de mayo de 2024; https://efeverde.com/record-de-calor-en-nueva-delhi-con-523-grados/

A menudo oímos que para responder a la crisis climática tenemos que hacer sacrificios. Pero este planteamiento es erróneo. Debemos encontrar la alegría en nutrir lo que nos rodea, desde la naturaleza hasta las cosas que poseemos. La satisfacción debe venir de la calidad, no de la cantidad, y de la naturaleza, no de las cosas nuevas.

Formamos parte del mundo natural y dependemos de él. Podemos elegir la transición de nuestras sociedades hacia un periodo sostenible de civilización ecológica. En las próximas décadas, a medida que nos enfrentemos a una serie de retos globales autoinfligidos, la necesidad de tal transformación cultural impulsará la acción. Este proceso debe comenzar ahora…»[32]

«Lo que de veras importa es ser capaz de apreciar la magnitud de lo que está ocurriendo» en nuestra crisis de civilización, estima Edgar Morin.[33] Y es que nos agobia la *cuestión de la escala*:[34] en efecto, tanto lo infraliminal como lo supraliminal se nos escapan. Y sucede que una de las caracterizaciones posibles de nuestro tiempo es: *la Gran Desproporción*.

Grande Desproporción entre la ecología del suelo vivo y los astros más lejanos; entre la biocapacidad de la Tierra y el apetito extractivista del capitalismo; entre nuestras acciones y el alcance espaciotemporal de sus consecuencias; entre *Homo sapiens* y lo transhumano; entre la magnitud de los conflictos que afrontamos en el Siglo de la Gran Prueba y la ausencia de res-

---

32. David King, «Humanity's survival is still within our grasp–just. But only if we take these radical steps», *The Guardian,* 27 de mayo de 2024; https://www.theguardian.com/commentisfree/article/2024/may/27/humanity-survival-emissions-resilience-ecosystems-greenhouse-gases
33. Edgar Morin, *Historia(s) de vida. Conversaciones con Laure Adler,* Eds. La Llave, Barcelona 2023, p. 210.
34. Algunas ideas sobre ello en Jorge Riechmann, *Informe a la subcomisión de Cuaternario. Trabajos hacia una bioética como si la vida importase, tratando de contribuir a una nueva cultura de la Tierra que la llame por su nombre: Gaia* (Árdora, Madrid 2021), p. 77 y ss.

puestas adecuadas; entre lo que podemos hacer (políticamente) y lo que deberíamos hacer... Grande, grande desproporción.

Hoy, tres generaciones en un país como el nuestro (o seis generaciones en los países de industrialización más antigua) imponen un mundo muy inhabitable (o quizá del todo inhabitable, para seres vivos como nosotros) a todas las generaciones siguientes... ¡Inconmensurable desproporción!

Biomasa (en peso) de los mamíferos terrestres hoy existentes: humanos más ganado y mascotas, 97,11%; seres silvestres, 2,89%. (Los seres humanos representamos el 30,45%... Más de diez veces lo que suponen los mamíferos salvajes.)[35]

¡Enorme desproporción! ¡Menos del 3% de la biomasa mamífera del planeta corresponde a los seres libres y salvajes que amaron Aldo Leopold y Félix Rodríguez de la Fuente!

Considerar la vida como «recursos naturales» nos lleva a tratarnos a nosotros mismos como «capital humano»... El predecible final es siniestro.

Hay un lema que unifica militarismo, ecocidio, violencia patriarcal, extractivismo capitalista, explotación colonial, modos de vida imperiales y en general la catastrófica huida hacia adelante del Norte global. Viene a ser: una vez hemos destruido tanto, ¿cómo no vamos a seguir destruyendo más?

No soy, no somos predicadores de apocalipsis: tratamos de mostrar que otro mundo es posible (o lo hubiese sido). El etiquetado ideológico («catastrofismo», «colapsismo», «pachamamismo») es una excusa para no pensar.

Modo de vida imperial: vivir sin pagar las facturas de uno.

---

35. Vivimos de espaldas a esa realidad, como a tantas... Cuando en charlas y debates he pedido a la audiencia que estimaran el porcentaje de esa biomasa de seres silvestres, las estimaciones oscilaban entre 20% y 70%. ¡Así de alejadas están nuestras percepciones de la realidad!

No hacerse cargo de la propia mierda. Vivir a costa de la naturaleza, los demás seres vivos, las mujeres, las generaciones futuras y el Sur global. El *American Way of Living,* luego modo de vida occidental, es el modo de vida imperial (o, con mayor exactitud, el modo de producción y de vida imperial) que «depende desproporcionadamente de la fuerza de trabajo, los recursos y los sumideros mundiales».[36]

«El ecologismo debe alumbrar una réplica a los imaginarios del deseo que han acompañado el curso de la modernidad energética capitalista…»[37] Sí, compañero Jaime (Vindel): uno ya andaba en eso hace tres decenios (*Necesitar, desear vivir,* Catarata, Madrid 1998). La cuestión estriba en el *cómo* (sin ecocidio ni neocolonialismo ni genocidio, a ser posible). Media docena de ideas básicas:

1) Desarrollar el par conceptual *imaginación/fantasía* en relación con la cuestión de los límites.

2) La fantasía humana (más que la imaginación) concibe a menudo deseos aberrantes, contradictorios o materialmente insostenibles, y ahí la crítica ecologista ha de operar sin demasiados miramientos.

3) La fantasía y la imaginación conciben también deseos antisociales, sadomasoquistas o destructores de la vida, y ahí la ética ha de poner barreras.

4) Para sofrenar o modular el deseo, la crítica desde luego no basta: ha de intervenir otro deseo más fuerte y mejor orientado (Spinoza).

---

36. Ulrich Brand, *Crisis del modo de vida imperial y transiciones ecocociales,* FUHEM / Catarata, Madrid 2023, p. 58. Introdujeron el concepto Brand y Wissen en 2012, en su artículo «Global environmental politics and the Imperial Mode of Living».
37. Jaime Vindel, «Cultura», en *Atlas cultural de la energía* (coordinado por Pablo Martínez, Emilio Santiago Muíño y Jaime Vindel), Catarata, Madrid 2025, p. 86.

5) Apoyarnos en la potencia de la eusocialidad / ultraso-cialidad humana, en la fuerza de los vínculos sociales (inclu-yendo ahí la necesidad y el deseo de reconocimiento por parte del otro).

6) Fomentar deseos de autorrealización (cumplimiento personal) no consumista; cultivar ecoespiritualidades.

Y sin embargo, con todo lo anterior (que es muy necesa-rio) no vamos a poder dejar atrás el imprescindible elemento de ascesis ecologista, mal que les pese a los obsesionados con la «prédica ascética moralizante»[38] del ecologismo.

Una anotación mía del 17 de septiembre de 1990 en un viejo cuaderno, cuando andaba preparando una ponencia para unas jornadas de Izquierda Unida,[39] hace 35 años: lo gordo, ya sabía yo, lo verdaderamente difícil es «la cuestión de la *renuncia voluntaria al privilegio*: la autolimitación. Si ello choca frontal-mente contra la cultura fáustica de la desmesura que imprime su dinámica a la civilización occidental (y con ello al planeta entero), en cambio otras tradiciones éticas y religiosas hoy sub-alternas contienen los valores adecuados. Igual que las subcul-turas femeninas...»

Si no domeñamos nuestro narcisismo –el personal, y tam-bién el narcisismo de especie que llamamos antropocentrismo– no hay nada que hacer... El antropocentrismo no solamente es un fallo moral, ni solamente un error cognitivo, sino que evi-dencia además una carencia lamentable de buen gusto.

¿Qué cabría considerar un *progresismo* comprometido con el verdadero progreso? En términos generales, sugiere Daniel Innerarity, deberíamos entenderlo «como una actitud hacia las crisis que posibilita el aprendizaje (introduciendo reflexividad

38. Vindel, loc. cit.
39. I Jornadas sobre Ecología y Política Ambiental de IU, Ateneo de Ma-drid, 12 y 13 de octubre de 1990.

allí donde había automatismo o incapacidad para el cuestionamiento) y, desde el punto de vista práctico, como inclusión. Esta idea se puede sintetizar en la imagen de una ampliación del círculo (Peter Singer) o como la inclusión de los que habían sido excluidos (Michael Walzer). Todo progreso implica ensanchar el nosotros, que incluye a extranjeros, mujeres, niños, generaciones futuras, minorías en el ámbito de lo que debe ser tomado en consideración, de quienes cuentan y deciden. La historia del sufragio es un buen ejemplo de esta ampliación de los protagonistas. El eje principal es el que opone la inclusión a la discriminación».[40] Es una propuesta admirable de *progreso como progreso ético* (distanciándose de la mostrenca concepción dominante que identifica el progreso como meros avances tecnológicos y de la mercantilización capitalista). Ahora bien, hay que ir un paso más allá, y la mención que hace Innerarity al *círculo que se expande* de Singer (filósofo defensor de los animales no humanos) nos indica el rumbo: una inclusión *más allá de la familia humana,* superando el antropocentrismo y el especismo.

Los cimientos de nuestra cultura estaban manchados de petróleo, pero no nos dábamos cuenta… No se puede hablar de ecoespiritualidades dejando de lado los combustibles fósiles, la toxificación de la biosfera o la hecatombe de biodiversidad. A quien sólo quiere hablar de demografía humana, recordémosle el imperialismo. A quien sólo quiere hablar de imperialismo, recordémosle la sobrepoblación humana.

Quien no quiera hablar de capitalismo, que no hable de fascismo, decía Max Horkheimer. Quien no quiera hablar de capitalismo, que no hable tampoco de crisis ecológica.

---

40. Daniel Innerarity, «Los reaccionarios», *El País,* 21 de mayo de 2024; https://elpais.com/opinion/2024-05-21/los-reaccionarios.html

La pregunta inmediata en el Siglo de la Gran Prueba: ¿queremos sobrevivir y no devastar la Tierra? La pregunta mediata: ¿aceptamos reintegrarnos en la biosfera como una especie más (pese a todas nuestras singularidades) de las que habitan la casa común? Y la pregunta de fondo: ¿queremos seguir siendo humanos, en vez de extraviarnos en una teología de la Máquina?

«Usted va por dentro», le dijo Rubén Darío a Juan Ramón Jiménez (¡y qué maestro, el moguereño, para las ecoespiritualidades!). De eso se trata: de ir por dentro, por los adentros de un alma no servil a los algoritmos, sin olvidarnos nunca de las afueras.

Todo conspira hoy para que no levantemos la vista de las pantallas. Por eso, no perdamos la ocasión de acercarnos al trabajo de fotógrafos como Bernard Plossu o Paco Gómez, quienes nos dicen sin palabras: qué extraordinario es estar vivo en este mundo extraordinario.

No más lejos, no más rápido, no más alto, sino más adentro… Ése sería el giro estratégico que nos permitiría madurar como sociedad. (Y también, en el plano individual, envejecer con sensatez: pero ésa es otra historia. Asunto, quizá, para otro microensayo.)

«El simple sentimiento de estar con vida me suscita un éxtasis», confiesa alguna vez Emily Dickinson.[41] A esa dicha (también experimentada y recomendada por Rousseau o Goethe, pongamos por caso)[42] hemos de aspirar. Aunque no tengamos

---

41. Citada por Christian Bobin en *La dama blanca,* Árdora, Madrid 2017, p. 50.
42. «¿Para qué todo este lujo de soles, de planetas, de lunas, de estrellas, de vías lácteas, de cometas, de nebulosas, de mundos devenidos o en devenir, si finalmente un hombre feliz no se alegra inconscientemente de su propia existencia?» Goethe citado en Pierre Hadot, *No te olvides de vivir. Goethe y la tradición de los ejercicios espirituales,* Siruela, Madrid 2010, p. 128.

tanto talento para el éxtasis como la contemplativa de Amherst, si logramos que el mero sentimiento de estar vivos nos convide a su plenitud, buena parte del camino que llamamos ecoespiritualidad estará ya andado.

Ecoespiritualidad para transformar el daño en reconciliación; para que se vuelva posible hacer las paces con el resto de los vivientes en la Tierra.

Necesitamos una conexión con lo Abierto. Se podría escribir, sin miedo a la redundancia: una apertura hacia lo Abierto.

El pintor Gérard Garouste aventura que, si las revoluciones han fracasado, «es porque no ofrecían ninguna apertura metafísica, imponían demasiadas certezas sobre el origen del hombre y su destino. La Cábala explica que Dios se retira del mundo tras haberlo creado y me parece bien: prefiero con mucho a ese Dios que se ha ido y ha dejado a los hombres libres y a cargo de todo que al Dios cuya gracia debemos esperar».[43]

Tanta desconfianza en tanta gente respecto de la palabra *espiritualidad*… Pero el espíritu, si atendemos a la etimología de la palabra, es el viento. También para los indios norteamericanos de las praderas: *wakan tanka*, dicen los sioux. El gran viento del mundo que nos atraviesa, mostrando a la vez el vacío y la interconexión de todos los fenómenos.

Para quienes pensamos que lo más valioso del ser humano son sus posibilidades incumplidas, la intensificación de las tendencias *antropófugas* (adjetivo que propuse hace muchos años) que pesan tanto en la cultura dominante, tendencias que se expresan en los avances del transhumanismo o la carrera sin frenos hacia una Inteligencia Artificial General, suponen una

---

43. Gérard Garouste (con Judith Perrignon), *El intranquilo. Retrato de un pintor, un hijo, un loco,* Errata Naturae, Madrid 2024, p. 179.

dolorosa derrota. Vemos venir, de la mano del ecocidio, el antropocidio.

En 1955 el matemático John von Neumann, una de las mentes más poderosas del siglo XX, publicó un breve ensayo titulado «¿Podremos sobrevivir a la tecnología?» donde escribía: «En la primera parte de este siglo [el siglo XX], la acelerada revolución industrial encontró una limitación absoluta, no en el progreso tecnológico como tal, sino en un factor esencial de seguridad. (…) Ahora este mecanismo de seguridad está siendo drásticamente inhibido. (…) El poder tecnológico, la eficiencia tecnológica como tal constituye un logro ambivalente. Su peligro es intrínseco.»[44]

Estamos todos en peligro.

El sabio antiguo —el estoico de forma paradigmática— rechazaba la condición humana buscando identificarse con el dios; hoy —Silicon Valley de forma paradigmática— se rechaza la condición humana buscando la identificación con la máquina. Las tendencias *antropófugas* que vienen manifestándose desde hace decenios se extreman: el transhumanismo que busca el final de lo humano ya no es un horizonte remoto.

Acaso aún más inquietante que la toxificación generalizada del medio ambiente ¿no es la contaminación mental, la toxificación de nuestras ideas y creencias? Además de recuperar los bosques que la biosfera echa en falta ¿no necesitamos con urgencia reforestar la imaginación?

Detox para el alma.

Lo esencial de nuestra tarea de autoconstrucción: aceptar la condición humana y rechazar la dominación. No es mal momento para reflexionar sobre espiritualidad.

---

44. Citado por José Manuel Sánchez Ron en «Tecnología, una cuestión de supervivencia», *El Cultural,* 8 de diciembre de 2023.

Tareas «de siempre» para las espiritualidades y sabidurías de todas las culturas: cómo hacer frente a la muerte, cómo aceptar nuestra vulnerabilidad, cómo sobrellevar las penalidades (y a veces el horror) de vivir. A ello se añade ahora cómo hacer frente a un más que probable colapso ecosocial, ¡nada menos!

Si el tiempo que vivimos es un fin de mundo —y lo es—, no podemos seguir viviendo como si nada sucediera... Esto remite, por una parte, a la acción colectiva. Pero, por otro lado, remite también al trabajo sobre uno mismo, sobre una misma.

«No se puede hacer nada...» Sí, siempre se pueden hacer cosas con sentido (que en general tienen que ver con el encuentro con los otros). Otro asunto es que en Extremistán, en nuestro mundo de la Gran Desproporción,[45] estén a nuestro alcance los resultados eficaces que deseamos.

Nos importa la vida: la vida hermosa y abundante. Me recuerda mi amiga Sara esa partecita del discurso de aceptación del premio Nobel de José Saramago, donde evoca cómo su abuela «una noche sentada ante la puerta de su pobre casa, donde entonces vivía sola, mirando las estrellas mayores y menores, [dijo]: *El mundo es tan bonito y yo tengo tanta pena de morir...*» Incluso cuando, en medio de una crisis ecosocial apocalíptica, tenemos que asumir más muerte de la que somos capaces, lo hacemos —o intentamos hacerlo— porque lo que cuenta para nosotros es la vida. Incluso cuando decimos que hemos de aprender a morir,[46] es el valor vida el que estamos levantando en alto.

---

45. Escribí hace un decenio *¿Moderar Extremistán? Sobre el futuro del capitalismo en la crisis civilizatoria* (Díaz & Pons, Madrid 2014), libro por desgracia agotado; pero puede accederse a un PDF en https://tratarde.org/algunos-libros-y-articulos-mios-para-descarga-libre /

46. *Aprender a morir en el Antropoceno*, ese ensayo de Roy Scranton que ha levantado tantas ampollas entre los optimistas rectopensantes...

«*Espiritualidad* es una palabra que da muchísimo miedo»,[47] dice la directora de cine Paula Ortiz, quien ha recreado aspectos de la experiencia extrema de Teresa de Ávila en *Teresa* (película de 2023, a partir de la obra teatral de Juan Mayorga *La lengua en pedazos*). Por otra parte, una escritora joven como Aixa de la Cruz registra una considerable inquietud al respecto: «Si algo he sentido en el movimiento tectónico que nos agita desde la pandemia es el auge del furor por el yoga, las terapias energéticas, los *challenges* de meditación, la relectura de las místicas, las monjas y sus conventos».[48]

Espiritualidad es una palabra que da miedo a muchas personas, sí. Pero ¿podemos prescindir de ella?

Espíritu, sugería Robert Musil, es la síntesis entre intelecto y emoción. Comenta Adam Zagajewski: «Es una buena definición práctica, aunque minimalista. Resulta más fácil decir —cosa que los teólogos saben muy bien— lo que el espíritu no es en la poesía, lo que no es en la literatura. No es un enfoque psicoanalítico, conductista, sociológico ni político, sino holístico, un enfoque en el que la Tierra, las estrellas y el rostro humano se reflejan talmente como en el casco de un astronauta».[49]

La Tierra, las estrellas y el rostro humano reflejado en el casco de un astronauta: es una hermosa imagen (aunque nos atraigan más las psiconautas que las astronautas). Arne Naess nos hablaría más bien del *campo relacional* donde todo está conectado con todo. No sólo para sobrevivir, sino para vivir bien, necesitamos visión de conjunto, como pedía Platón (para quien el filósofo tenía que ser *synoptikós*).

---

47. Entrevista a Paula Ortiz y Blanca Portillo en *ABC Cultural,* 21 de octubre de 2023.
48. Aixa de la Cruz, «Yo era ateo, pero ahora creo», *Babelia,* 21 de octubre de 2023.
49. Adam Zagajewski, *Una leve exageración,* Acantilado, Barcelona 2019, p. 16.

Para Vandana Shiva la espiritualidad es el conocimiento consciente de que todo está interconectado y debe ser respetado. «La integridad y la espiritualidad no son diferentes, y reconocer la integridad de cada persona y cada especie ya es, en sí mismo, espiritualidad».[50] Podríamos acumular muchos testimonios de experiencias unificantes de esa clase, especialmente en autoras y autores cercanos a la mística y al romanticismo. Por ejemplo, Friedrich Hölderlin escribe en *Hiperión:* «He sentido la vida de la naturaleza, que es superior a cualquier idea. Si me convirtiera en planta ¿sería tan lamentable? (…) ¿Cómo perderme fuera de la esfera de la vida, donde el amor eterno, común a todos, mantiene unidas todas las naturalezas? ¿Cómo separarme de la alianza que une a todos los seres?»[51] Y desde el corazón de la Amazonia *centro del mundo,* la misma intuición: «Si nos entendiéramos como constelaciones constituidas por seres visibles e invisibles, inevitablemente tendríamos que dejar de destruir la Tierra, porque reconoceríamos todo lo que hay en ella como nuestros parientes».[52]

En la base de la despolitización, la apatía hacia lo colectivo y comunitario y el «contrato de indiferencia mutua» (Norman

---

50. Vandana Shiva, «Ecofeminismo, derechos de la naturaleza, sumak kawsay», intervención en Quito, 25 de noviembre de 2010; https://seminariodefeminismonuestroamericano.blogspot.com/2013/04/vandana-shiva-ecofeminismo-derechos-de.html
51. Citado por Wolfgang Welsch en el capítulo 5 de *Hombre y mundo. Filosofía en perspectiva evolucionista* (Pre-Textos, Valencia 2014, p. 113), todo él de mucho interés para nuestras interrogaciones aquí.
52. Ailton Krenak, *La vida no es útil,* Eterna Cadencia, Buenos Aires 2023, p. 20-21.
    Véase también Josep Maria Mallarach, «Espiritualidad en las cosmovisiones y estilos de vida más resilientes de la humanidad», en *Humanidades ecológicas: hacia un humanismo biosférico* (editado por Jose Albelda, Fernando Arribas y Carmen Madorrán), Tirant Humanidades, Valencia 2023.

Geras) hay una mala comprensión de la sociedad y de nuestra situación histórica. Un problema no sólo ético-político, sino también cognitivo... Somos interdependientes y ecodependientes, pero la cultura dominante no lo admite.

El sentimiento de interconexión probablemente se encuentra en la base de lo mejor de la espiritualidad humana.[53] Así debemos entender la espiritualidad: en la perspectiva que más nos interesa, quiere decir esencialmente *interconexión:* conciencia y experiencia de la interconexión entre todos los seres.[54]

Pero ¿quién valora hoy la comunión con la naturaleza? A las personas que tienden a ello se las suele denigrar despectivamente: abraza-árboles.

No se trata de «espíritu frente a materia», ni de oponer la trascendencia a la inmanencia. Hay que *reivindicar la inmanencia —pero la de la materia viva* (no una materia inerte y fragmentada, concebida de modo mecanicista, privada de subjetividad, vida y espíritu)—. Así lo encontramos en muchos pueblos de los que con displicencia hemos llamado «primitivos»;[55]

---

53. Recupero aquí una página de mi libro *¿Vivir como buenos huérfanos? Ensayos sobre el sentido de la vida en el Siglo de la Gran Prueba* (Catarata, Madrid 2017).

54. Esto ha sido vivido con intensidad en muchas culturas de cazadores-recolectores. Así, «desde el punto de vista de las interconexiones, un tema dominante de todas las culturas nativas [norte]americanas es el de la relación o serie de relaciones que se extienden a ámbitos cada vez más extensos; las relaciones con la familia inmediata se extienden a toda la familia, a la banda o grupo, y al clan, y al grupo tribal; y las relaciones no se detienen ahí, sino que se extienden hasta abarcar y relacionar todo el entorno: se extienden al país, a las plantas, y a las nubes, los elementos, los cielos y las estrellas, y en último término esas relaciones que el indio expresa y vive se extienden, abarcándolo, al universo entero.» Frances Densmore, «Teton Sioux music» (1918), citado en Joseph Epes Brown, *Animales del alma. Animales sagrados de los Oglala Sioux,* Olañeta, Palma de Mallorca 1994, p. 35.

55. *Mitakuye Oyasin* (que significa «todos estamos emparentados» o «todos son mis hermanos») es una frase tradicional Lakota Sioux, utilizada como apertura en muchas oraciones y canciones Lakota, que nos remite a

así lo sintieron y expresaron pensadores grecorromanos como los de la escuela estoica (pero no sólo ellos); así lo han manifestado filósofos de la Ilustración europea como Diderot;[56] así se entiende la espiritualidad desde el ecofeminismo (y así debería entenderla nuestro ecosocialismo también). Señalan Maria Mies y Vandana Shiva que «este materialismo, esta inmanencia que tiene sus raíces en la producción cotidiana de subsistencia que realizan la mayoría de las mujeres del mundo es el fundamento de nuestra posición ecofeminista (…). Nuestra concepción básica del ecofeminismo como una perspectiva que parte de las necesidades fundamentales de la vida la llamamos *perspectiva de subsistencia*».[57]

El fotógrafo brasileño Sebastiao Salgado, autor de algunas de las investigaciones gráficas más impactantes de los últimos decenios, desarrolló entre 2002 y 2012 su proyecto *Génesis*. Cuenta al respecto: «Juntos [Léila y yo], muchas veces nos quedamos sin aliento ante la majestuosidad de la naturaleza. Y ante toda la vida que reina en ella a través de los millones de especies que la habitan. La Tierra nos ha dado una extraordinaria lección de humanidad. Al descubrir mi planeta, me he descubierto

---

esa conciencia de interconexión y vínculo universal.

56. Explica Jean d'Ormesson que en la prosa de Diderot late la convicción de que «todos los seres circulan unos en otros (…). Todo es un flujo perpetuo (…). Más o menos, todo animal es un ser humano, en parte; todo mineral es, de alguna forma, una planta, y todo vegetal tiene algo que ver con el reino animal (…). No hay más que un individuo, que es el Todo. Nacer, vivir y morir es cambiar de forma». Jean d'Ormesson, *Une autre histoire de la littérature française,* Nil Éditions, París 1997, p. 149-150.

57. Maria Mies y Vandana Shiva, *Ecofeminismo (teoría, crítica y perspectivas),* Icaria, Barcelona 2015 (la primera versión en español de este libro es de 1997, el original inglés de 1993), p. 69. El planteamiento de subsistencia se desarrolla con cierta extensión en el capítulo 10 de este libro: Mies, «La necesidad de un nuevo proyecto: el planteamiento de subsistencia» (p. 465-500).

a mí mismo. He comprendido que todos formamos parte del mismo conjunto. Por ejemplo, durante mi primer proyecto [un reportaje de los que confluirán en *Génesis*], en las Galápagos, un día estaba observando a una iguana (…). Observando una de sus patas delanteras, de repente, vi en ella la mano de un guerrero de la Edad Media. Sus escamas me recordaron una cota de malla bajo la que vi uñas similares a las mías. Entonces me dije: esta iguana es mi prima (…). *Génesis* me enseñó que todo está relacionado y que todo está vivo.»[58]

«Mi patria es el aire que respiro» (Carlos Edmundo de Ory): y el agua y la tierra de que estoy hecho, y el fuego que me consume y me eleva.

«El artista cumple una misión religiosa con infundir una espiritualidad social», confiaba Juan Ramón Jiménez a Cipriano Rivas Cherif en una entrevista. Juan Ramón es el admirable poeta que en su ensayo «El trabajo gustoso» enfatiza, junto con krausistas, institucionistas y socialistas, la centralidad del trabajo útil y agradable, «lo cual requeriría la abolición de la división capitalista del trabajo, apuntando que el verdadero potencial de cualquier sociedad sostenible del futuro residiría no tanto en el aumento del tiempo libre como en la capacidad para generar un nuevo mundo de trabajo creativo y colectivo, organizado por los productores asociados».[59]

Juan Ramón defendía una *ética estética,* de la mano de una *política poética* y una *espiritualidad social.*

¿Laicismo y espiritualidad serían opuestos? Sergio del Molino da por sentado que sí,[60] pero la cuestión es algo más

---

58. Sebastiao Salgado, *De mi tierra a la Tierra (memorias),* La Fábrica, Madrid 2016, p. 110 y 149.
59. Antonio Orihuela, «Juan Ramón Jiménez y el trabajo gustoso», en *Puntos ciegos,* Fantasma eds. 2021, p. 196.
60. Sergio del Molino, «Vivimos tiempos religiosos. La mirada laica se va

compleja. Se pueden desarrollar espiritualidades laicas (y, en particular, ecoespiritualidades laicas, que es de lo que trata este microensayo).

La espiritualidad en sentido laico tiene, en mi opinión, dos grandes componentes: primero la *vivencia de conexión con todo* (y con el Todo) que acabamos de explorar, y en segundo lugar el *descentramiento del ego*. Presentaré también alguna idea al respecto.[61]

Ser un «yo» —la conciencia subjetiva de un ser interdependiente, ecodependiente, finito, vulnerable y mortal— es en principio bastante mal negocio: las ocasiones de sufrimiento resultan innumerables. De ahí las innumerables tentativas de distanciarse de ese estado o trascenderlo, desde las drogas psicotrópicas[62] hasta las vías místicas.[63] Escribe Ernst Tugendhat

---

apagando», *El País / Ideas,* 31 de marzo de 2024.

61. Recupero aquí un par de páginas de mi libro *Autoconstrucción. La transformación cultural que necesitamos* (Catarata, Madrid 2015).

62. Algunos antropólogos han sugerido que es el deseo humano de conseguir un suministro estable de alcohol –y no de alimentos— la razón por la que, en el Neolítico, cambiamos la recolección y caza por la agricultura, y con ello comenzamos a dejar atrás el «comunismo primitivo» y la vida nómada. Una consideración cabal de las ecoespiritualidades ¿puede eludir tomarse en serio las sustancias enteógenas? El libro de Michael Pollan *Cómo cambiar tu mente. Lo que la nueva ciencia de la psicodelia nos enseña sobre la conciencia, la muerte, la adicción, la depresión y la trascendencia* (Debate, Barcelona 2020) sería buen punto de partida. Enseguida volveremos sobre esta cuestión.

63. «El problema común que solucionan [religión y mística] de forma opuesta es el problema de la contingencia. Este problema surge directamente de un elemento de la estructura antropológica fundamental: del hecho de que la voluntad humana se relaciona con el futuro, razón por la cual, primero, se dirige a fines, y segundo, siempre está conectada con deseos en sentido estrecho, es decir, con lo apetecido cuya realización no depende de uno mismo. En los otros animales, no se da una cosa ni la otra.

Por el hecho de dirigirse a fines, la voluntad humana se encuentra siempre en una tensión entre éxito y fracaso, y esta tensión implica (1) que los seres humanos tienen que esforzarse, y (2) que saben que el éxito

que el *anthropos,* en cuanto ser que delibera, puede tomar distancia de tres maneras. «La primera consiste en tomar distancia de las sensaciones inmediatas en consideración a fines y al futuro propio. Aprenden [los seres humanos] a contraponer la perspectiva de lo bueno [según razones] a lo que resulta más agradable o desagradable en la situación: a darles importancia a fines más que a sensaciones y al futuro más que al presente. Aquí se toma distancia en vista de los propios fines y luego del propio bienestar. La segunda consiste en tomar distancia del propio bienestar, dándoles también importancia a otros (o a otras cosas). La tercera consiste en tomar distancia de la propia egocentricidad. En este caso, los que dicen *yo* toman conciencia de su pequeñez y la de sus preocupaciones en el conjunto del universo.»[64]

---

no depende sólo de ellos. Por lo tanto, mucho más que cualquier objeto determinado, lo que esencialmente caracteriza a la voluntad humana es la conciencia de la radical insuficiencia de la propia capacidad de acción para hacer realidad no sólo ciertas esperanzas, sino metas muy elementales: la vida, la salud, la alimentación, estar con otros. Los seres humanos anticipan como posibles las desgracias con que animales de otras especies tan sólo se enfrentan cuando tienen lugar (…), temen siempre frustraciones y desgracias. Ante todo, por supuesto, la muerte: la propia y la de quienes están cerca.

En la historia de la humanidad se han emprendido dos caminos para calmar el dolor que supone este estado: justamente los caminos de la religión y de la mística. El camino místico consiste en relativizar o incluso negar la importancia que tienen para uno los propios deseos. Se trata, pues, de *trasformar la comprensión de sí* mismo. El camino religioso, en cambio, consiste en dejar los deseos como están y, en lugar de transformarlos, realizar una *transformación del mundo* mediante una proyección de deseos: el poder [numinoso] que envuelve a los humanos es condensado en seres discretos de cuya actuación puede uno imaginarse que dependen la suerte y la desgracia propias, seres vistos como poderes sobre los que se puede ejercer influencia.» Ernst Tugendhat, *Egocentricidad y mística,* Gedisa, Barcelona 2004, p. 136-137.
64. Tugendhat, *Egocentricidad y mística,* op. cit., p. 46.

Yo no puedo dejar de ser el centro de mi subjetividad, o mejor, no puedo vivir en el mundo sino desde ésta (de igual manera que no puedo saltar en la plaza, a mediodía, dejando atrás a mi sombra). Pero no tengo por qué ordenar el universo en torno a esta subjetividad. No puedo dejar de vivir *egocentrado,* pero esto no tiene por qué implicar ser *egocéntrico.*

Puedo considerarme en el mundo *uno más de los «diez mil seres»* de los que habla la tradición china, relativizando la perspectiva egocéntrica. Puedo desplazarme del centro al margen. «Distanciarse de sí mismo significa tomar distancia no sólo del egoísmo, sino de la propia egocentricidad. (…) Lo que aquí se quiere decir con *sí mismo* es *yo quiero* el aferrarse o apegarse a los objetos de la voluntad, que es característico de la egocentricidad humana, comenzando por el no poder zafarse del miedo a la muerte.»[65]

Somos simios averiados. Los seres humanos nos hallamos muchas veces en un estado de intranquilidad que los demás animales no conocen: de ahí nuestra búsqueda de paz espiritual. A la necesidad de distanciarse del modo peculiar en que los seres humanos se dan importancia, y se preocupan por sí mismos, responde la mística —al menos en la interpretación de Tugendhat que estamos considerando aquí: «La mística consiste en trascender o relativizar la propia *egocentricidad,* una egocentricidad que no tienen los animales que no dicen *yo.»*[66]

---

65. *Egocentricidad y mística,* op. cit., p. 120.
66. *Egocentricidad y mística,* op. cit., p. 10. Con más precisión: la mística «consiste en (1) zafarse del aferramiento volitivo (del ansia o la preocupación), (2) *prestando atención* al universo, no *sumergiéndose meditativamente en él* (prefiero decir *universo* en lugar de *realidad última*). Si pensamos en el budismo Theravada o en el yoga Sankya, se puede suprimir esta segunda cláusula. Por otra parte, es posible ampliar la definición de modo que abarque a la mística religiosa, poniendo a Dios en lugar del universo.» Tugendhat, *Egocentricidad y mística,* p. 132

Desde esta perspectiva, la meditación o el recogimiento místico se ven como «intentos de liberarse del propio aferramiento volitivo». Como se nos enseña en la tradición mística china: «Definir lo que te gusta frente a lo que no te gusta / Ésa es la enfermedad de la mente… Cuando una mente no está turbada / los diez mil seres no ofenden».[67]

Salvador Pániker, muy en la línea de Tugendhat, también habla de la mística laica en términos de «superación del ego» y situarse en la «misteriosa interrelación de todo con todo». Mística sería «la agilidad ontológica del que se tiene en pie sin absolutos» y «apertura infinita de la finitud».[68]

Un horizonte de vida buena (de *buen vivir,* según la fórmula acuñada en los debates en América Latina desde finales del siglo XX) incluye el reconocimiento de que existen, más allá de las necesidades humanas psicofísicas, también necesidades espirituales (que tienen que ver con la pertenencia, la conexión, el arraigo y el sentido); y que el riesgo de evasión / alienación hacia la trascendencia ínsito en estas últimas debe contrarrestarse con propuestas de *trascendencia en la inmanencia* (y aquí las experiencias de la poesía moderna, o las formas de espiritualidad de las culturas originarias, pueden ayudar).

«El concepto del *buen vivir* significa defender ciertas formas de vida tradicionales, desarrollar alternativas cuando sea necesario y cambiar las condiciones internas e internacionales. El horizonte del *buen vivir* no hace una distinción tajante entre las necesidades sociales, individuales y espirituales, sino que se trata de luchar por una vida común plena en todos los sentidos. Un aspecto importante son también los derechos de la

---

67. Seng-t'san citado en D.T. Suzuki, *Manual of Zen Buddhism,* Londres 1974, p. 77.
68. Salvador Pániker, *Cuaderno amarillo,* DeBolsillo, Barcelona 2001, p. 21, 71 y 80.

naturaleza (...). El 20 de agosto de 2023, en un referéndum histórico, casi el 60% de los votantes en Ecuador se pronunció a favor de dejar el petróleo bajo tierra en la zona central de la Reserva de la Biosfera Yasuní».[69]

Un año y medio más tarde, en Suiza, el anti-Yasuní: una iniciativa popular para favorecer una economía que permaneciera dentro de los límites planetarios fue ampliamente rechazada (con una mayoría del 70%, sobre una participación del 38% del censo) en un referéndum celebrado el domingo 9 de febrero de 2025, donde la ciudadanía se situó del lado de la posición del Gobierno, la mayor parte de partidos políticos y las patronales. «Los ciudadanos suizos no han querido poner al país contra las cuerdas», celebró la directora de Economisuisse, la federación de empresas helvéticas, Monika Rühl.[70]

La copresidenta de la sección de juventudes de los Verdes, Margot Chauderna, consideró que los medios económicos «deben comprender que un sistema basado en un crecimiento infinito no puede funcionar con recursos finitos». La idea de fondo consistía en restringir el consumo a lo que el planeta puede regenerar. El texto legal objeto del referéndum establecía que Suiza tendría un plazo de diez años para que su economía se ajustara a los límites planetarios en ámbitos como el consumo de agua, la utilización de los suelos y las actividades con impacto en el cambio climático (y ello se hubiera inscrito en la Constitución). Varios analistas señalaron que el plazo de una década era uno de los grandes puntos débiles de la propuesta, que hizo que los votantes temieran, entre otras

---

69. Ulrich Brand, *Crisis del modo de vida imperial y transiciones ecociales,* FUHEM / Catarata, Madrid 2023, p. 149.
70. El comunicado de la patronal: «Le net refus de l'initiative pour la responsabilité environnementale est un non à des projets utopiques de gauche», 9 de febrero de 2025; https://www.economiesuisse.ch/fr/articles/le-net-refus-de-linitiative-pour-la-responsabilite-environnementale-est-un-non-des-projets

cosas, por el aumento del coste de vida que tal objetivo podía suponer.[71]

En definitiva: rechazo claro a renunciar al modo de vida imperial en Suiza. Éste es el verdadero problema de los límites: los privilegios de los privilegiados.[72] Y no obstante: no es pequeña cosa que tres de cada diez votantes hayan dicho sí a esa limitación voluntaria del privilegio propio. Una minoría, sí, pero una minoría importante.

Y no obstante: esto es en efecto el anti-Yasuní, pero el Yasuní también existe y es igual de real que su refutación en Suiza.

Mínima nota sobre un asunto que he tratado en mi libro *Ecologismo: pasado y presente*: es incoherente, por parte del ecologismo social y los ecosocialismos, saludar con alegría las reivindicaciones de *derechos de la naturaleza* (iniciadas más bien desde América latina), o las propuestas amerindias andinas de *buen vivir,* y seguir rechazando las perspectivas europeas de *deep ecology* (desarrolladas entre otros por Arne Naess), que habría que entender precisamente como una temprana formulación de aquellas ideas ahora importadas de Abya Yala.

Hay un asunto que puede resultar antipático para bastante gente, pero imposible de eludir si hablamos de ecoespiritualidades: me refiero al papel de los psicotrópicos (y en con-

---

71. Arturo Larena, «Los votantes suizos rechazan ajustar su consumo a los límites de los recursos planetarios», EFE verde, 10 de febrero de 2025; https://efeverde.com/los-votantes-suizos-rechazan-ajustar-su-consumo-a-los-limites-de-los-recursos-planetarios /
Véase también Guillaume Chillier, «Près de 70% de non. La population ne veut plus de ces initiatives qui reviennent encore et encore», *La liberté,* 9 de febrero de 2025; https://www.laliberte.ch/articles/suisse/politique/la-population-ne-veut-plus-de-ces-initiatives-qui-reviennent-encore-et-encore-972586
72. Y no las sutilezas filosófico-sociológicas que hilvana Yorgos Kallis en su libro *Limits…*

creto los que cabe denominar *enteógenos*), esa vía de acceso al conocimiento sagrado en tantísimas culturas humanas. Si, por ejemplo, el chamanismo amazónico de los yanomamis (donde podemos introducirnos a través de ese libro espléndido que es *La caída del cielo* de Davi Kopenawa en diálogo con Bruce Albert) se articula completamente en torno a los sueños y visiones que propicia la inhalación del polvo de yakoana, elaborado a partir de la corteza del árbol *Virola elongata*, que contiene DMT (con efectos psíquicos similares a los del LSD),[73] ¿obviaremos esa base química de la impresionante cosmovisión yanomami?

En el verano de 2021 me llegaron noticias de un amigo en EEUU, detenido y encarcelado por posesión de ayahuasca y hongos alucinógenos. «Estuve en la cárcel en noviembre pero salí más fuerte que nunca. La primera semana de junio se resolvió por fin mi caso y fui absuelto. La universidad, a pesar de haber otorgado un doctorado *honoris causa* al investigador más destacado del mundo sobre las plantas-maestras amazónicas, me obligó a jubilarme y también cortaron el acceso a mi cuenta del correo electrónico hasta ayer. Siete mil mensajes en la bandeja de entrada…»

Las sustancias psicodélicas enteógenas tendrían que valorarse como un importantísimo agente de cambio socio-ecológico (además de los usos en salud mental, etc), pero la sociedad que los persigue así es la misma que ha tolerado el consumo de opiáceos de farmacia (comenzando por el ominoso Oxycontin de Purdue Pharma) en proporciones epidémicas, causando la muerte de más de medio millón de estadounidenses entre 1999 y 2019,[74] así como un número incalculable de adictos.

---

73. Davi Kopenawa y Bruce Albert, *La caída del cielo,* Capitán Swing, Madrid 2023, p. 57.
74. Amanda Mars, «Las grandes farmacéuticas pagarán 22.000 millones en el caso de los opiáceos», *El País,* 22 de julio de 2021.

Opiáceos que encadenan y obnubilan sí, enteógenos que despiertan y liberan no: así vamos.

Escribía Octavio Paz en *Corriente alterna* (1967) sobre la experiencia enteógena: «El yo desaparece pero en el hueco que ha dejado no se instala otro Yo. Ningún dios, sino lo divino. Ninguna fe sino el sentimiento anterior que sustenta a toda fe, a toda esperanza. Ningún rostro sino el ser sin rostro, el ser que es todos los rostros. Paz en el cráter, reconciliación del hombre —lo que queda del hombre— con la presencia total».

En una entrevista televisiva de 1989 con Albert Hofmann,[75] el químico suizo descubridor del LSD explicaba su hipótesis del cornezuelo de centeno como ingrediente clave para el bebedizo que se ingería en los misterios de Eleusis e insistía en la importancia de un entorno cultural adecuado (como aquel de la Grecia antigua) para el uso responsable de los enteógenos, que nos procuran experiencias de «pequeña muerte» y renacimiento.

Cabe también volver la mirada al mundo indo-iranio… La planta sagrada *haoma* (forma avéstica del sánscrito *soma*), personificada como una divinidad, proporcionaba la bebida enteógena clave en el ritual de Zoroastro. La fuente de la haoma terrenal, según el mito, es un árbol blanco brillante que crece en una montaña paradisíaca. Aves divinas llevaron las ramitas de este haoma blanco a la Tierra.

Me resisto a considerar sabio a Antonio Escohotado (tan lamentablemente lastrado por la deriva ultraliberal que sufrió en el último tramo de su vida), pero nadie podrá negar la profundidad de su exploración de las sustancias que inducen estados de conciencia alterada. «El ácido es la droga que te pone

---

75. https://youtu.be/NPIUFbjVaJw

más en cuestión. Que te dice: aquí estás pisando la demencia. Aquí te estás jugando el alma. (…) No es tóxico. Es una cosa tan profundamente introspectiva, te vas tan a fondo, que como te descubras un trauma que más o menos tenías tapadito, te lo destapa y puedes cambiar de carácter para siempre».[76]

Y algo más de Escohotado: «En la religión cristiana reparten una comunión sólo formal. Como los musulmanes, sus ceremonias son básicamente profesiones de fe; pero los cultos paganos —sobre todo las ramas mistéricas, presididas en la cuenca mediterránea por Eleusis y los ritos báquicos— se sirven de hostias psicoactivas, como descubrieron los misioneros en América, África y Asia. Los nativos se tomaban la oblea de pan con la mejor voluntad, aunque al cabo de dos horas sugerían que *su medicina se ha estropeado*, ofrecían sus vehículos de comunión (que estaban todavía *frescos*) y arriesgaban sin querer la hoguera. Hasta bien entrado el siglo XX, el opio es la piedra filosofal de la medicina, el principal regalo divino a los terapeutas, tanto agnósticos como judíos, cristianos y musulmanes. Concretamente, hasta la Convención Internacional de 1971, pues desde ella «carece de uso médico y científico». Media línea se cargó una tradición de cuatro mil años en todos los continentes…»[77]

Sí es un sabio, en cambio, Juan Arnau, quien subraya que los psicodélicos «no son drogas, intensifican la percepción y pueden provocar alucinaciones, pero no son adictivos. De hecho, son una buena terapia contra las adicciones. Facilitan estados expandidos de la mente gracias a la magia de la química.

---

76. Antonio Escohotado (en conversación con Ricardo F. Colmenero), *Los penúltimos días de Antonio Escohotado,* La Esfera de los Libros, Madrid 2021, p. 95-96.
77. Antonio Escohotado, «No hace falta legalizar las drogas. Debe derogarse la prohibición» (entrevista), *eldiario.es,* 7 de julio de 2019; https://www.eldiario.es/sociedad/falta-legalizar-debe-derogarse-prohibicion_1_1482209.html

Muestran que vivimos en una mente extendida, una mente que no es sólo nuestra y que puede sorprendernos, como ocurre en los sueños. Los psicodélicos tienen riesgos y no conviene jugar con ellos, pueden desatar tormentas psíquicas (sobre todo entre los más jóvenes) y revelar síntomas de enfermedades latentes. Pero también pueden ofrecernos una experiencia única: la interconexión de todos los seres a través del espacio y el tiempo, la naturaleza interdependiente de todas las cosas, que los budistas llaman *pratītyasamutpāda* y que el filósofo Nāgārjuna asoció con la vacuidad.

Filosóficamente, lo más interesante de estas sustancias (peyote, ayahuasca, LSD y psilocibios, que son las que conoce este relator), es que desmienten la cosmología moderna, elaborada por la Física (ciencia del impacto), y proponen una cosmología química (ciencia del enlace). La psicodelia proporciona una visión del mundo que sintoniza con cosmologías indígenas y premodernas. Huxley decía que todos los narcóticos y euforizantes vegetales que crecen en los árboles, los alucinógenos que maduran en bayas o raíces, fueron utilizados por las culturas antiguas. Para la cosmología védica, la conciencia es el factor unificante del universo. Es el *uni* del verso que es el mundo. Una lírica configurada por el sonido. Una vibración primordial es la responsable del universo en que vivimos. Y esa vibración puede resonar en nosotros, tanto en la experiencia meditativa como en la psicodélica. El objetivo último de la vida es sintonizar o armonizarse con ese origen. Un monje benedictino declaró en *Newsweek* que el MDMA produce en una tarde la sensación que se alcanza tras veinte años de meditación.»[78]

---

78. Juan Arnau, «La química del amor: MDMA y el mundo fracturado», *Babelia,* 12 de abril de 2025; https://elpais.com/babelia/2025-04-07/la-quimica-del-amor-mdma-y-el-mundo-fracturado.html . Arnau está reseñando el libro de Rachel Nuwer *I feel love. El MDMA y la búsqueda de conexión en un mundo fracturado,* Bauplan, 2024.

En una entrevista en la revista *Cáñamo* preguntan a Antonio Orihuela por qué desde la izquierda a menudo se ha condenado el uso de drogas como una práctica alienante, y la respuesta del poeta anarquista es: «Quizás por el puritanismo ideológico desde el que se encaró la lucha de clases desde el siglo XIX. La clase obrera, como contrapuesta a la burguesía, tenía que asumir un imaginario antagonista y, por tanto, liberado de todas las lacras burguesas, entre ellas, las drogas; aunque su consumo, en realidad, estaba extendido a todas las clases sociales, si bien no todos consumían las mismas. La cruzada contra el alcohol y el tabaco, entre los anarquistas, es un buen ejemplo de ello, pues eran las más comunes entre el proletariado. De otro lado, los paraísos artificiales se veían como mecanismos de desactivación de la lucha social y de evasión de la realidad, por lo tanto, debían estar en las antípodas del obrero consciente, comprometido y combativo. A mi modo de ver, se obvió que la primera batalla a ganar era contra uno mismo, contra la construcción del yo que hemos asumido como natural bajo el capitalismo, y que determinadas sustancias también pueden contribuir a abrir la realidad, a transformarnos y transformarla, a descolonizar nuestra mente de las construcciones sociales al uso y ayudar, desde lo espiritual, a dar forma a la vida que querríamos vivir».[79]

---

79. Antonio Orihuela, «La vida en otra parte» (entrevista), Cáñamo 284, 2021; https://canamo.net/cultura/entrevistas/la-vida-en-otra-parte . El poeta continúa señalando que «en el caso de los enteógenos y la poesía, ambas son puertas, a menudo giratorias, al conocimiento, el deleite, la visión, la expansión de la conciencia y la integración de las experiencias personales en el caos de lo social. La poesía y los enteógenos serían, pues, medicinas contra el desamparo espiritual y consuelo contra el sinsentido al que nos condena la sociedad contemporánea. Los enteógenos, como la poesía, la canción y la música –afirma el poeta, mi querido Daniel Macías siguiendo a Hofmann–, son la llave a los vínculos sagrados, hoy totalmente olvidados, que cultivó el hombre precivilizado. Hemos olvidado que somos espíritu, comunidad y naturaleza; y recuperar esos vínculos, entre-

Criminalizar estas sustancias enteógenas (o las drogas, más en general) muestra una grave incapacidad de comprensión de la condición humana. Ah, si Occidente hubiese asumido con madurez el camino de las plantas y los hongos sagrados, a partir de los años 1960...

---

lazar esas tres realidades, reconocer que somos *eso*, en medio del colapso social y ecológico al que nos abocamos, es lo único que nos podrá salvar como especie. Sin embargo, seguimos en guerra contra la expansión de la conciencia, es decir, contra nosotros mismos; seguimos en guerra contra los demás, porque así lo dicta el neoliberalismo, y seguimos en guerra contra la naturaleza, cuando deberíamos estar en guerra contra el capitalismo. (...). Los paraísos artificiales son un atajo a la ebriedad y el éxtasis, pero para crecer espiritualmente, para poder conducirse y maniobrar en esos atajos, es necesario echar mano de otras técnicas de comunicación con lo sagrado. La sobriedad, la meditación y el trabajo gustoso llevan igualmente a la contemplación trascendente; adquirir estas técnicas de modo natural y practicarlas en la vida cotidiana debería ser el fin último de nuestras primeras, torpes y balbucientes búsquedas. (...) Todos queremos viajar *a donde el cactus florece*, el problema es que el capitalismo ha cambiado el viaje y otros rituales de tránsito por el turismo del *todo incluido*; todos queremos el descapotable de la mente, pero nos conformamos con Netflix. La presión social es muy fuerte y nadie quiere desentonar; todos queremos ser aceptados, amados, respetados, y nos parece que la única forma de conseguirlo es compartir los delirios colectivos de una vida convertida en mercancía y unas consciencias pastoreadas desde los medios de formación de masas. La moral convencional y los usos sociales no dejan lugar para mucho más. La fortaleza para construirse desde otro lugar conlleva mucho trabajo, soledad, complicidad, esfuerzo y dedicación. Un pensar otro, un estar en el mundo de otra manera, sólo es posible desde una apertura mental que no todos queremos encarar. En este sentido, los enteógenos y otras sustancias embriagantes, las grandes naos —como dice mi hermano Daniel Macías— son un magnífico aliado para descubrir esas costas extrañas, esos caladeros de belleza desconocidos; son la gran hoguera en la que verás arder todas tus adherencias, en la que chisporrotearán y se derretirán todos los implantes; la puerta para acceder a la delicada delicia del eterno momento siempre estará abierta, aunque sean muy pocos los que se atrevan a cruzar el umbral...»

Antropólogas y etnólogos han identificado más de cien mil religiones. Aunque la cultura europea gusta de pensarse a sí misma como secularizada, resulta dudoso que vayamos a superar el horizonte religioso alguna vez: parece formar parte de la condición humana como una suerte de universal antropológico[80].

Para hacer frente a la finitud humana, para encarar nuestra muerte, la estrategia básica siempre ha consistido en tratar de formar parte de algo más grande y perdurable que nosotros mismos. Esto puede intentarse sumiéndose uno en diversas formas de alienación (por ejemplo, creencias extravagantes sobre formas de vida ultraterrena) o buscando vías de emancipación (las luchas por construir una buena comunidad humana, o la teoría Gaia).[81]

Jorge Dioni escribe que «podemos no creer en Dios, pero es complicado prescindir de la trascendencia sin desesperarse, agotarse o volverse un cínico».[82] Pero la vida (el valor vida como tal, y la intuición de que cada viviente es intrínsecamente valioso) puede propiciar una espiritualidad laica, terrenal, inmanente. Franz Hinkelammert, por ejemplo, desarrolla ejemplarmente una *espiritualidad de la liberación*.[83] Aclara el profesor

---

80. No es éste el lugar para desarrollarlo ahora, pero diría que hay cuatro ámbitos que a menudo descuidamos (desde las culturas de las izquierdas), y que sin embargo resultan indispensables en la construcción de lo humano: 1) la práctica (formas de meditación, por ejemplo). 2) La formación de hábitos. 3) Los ritos. 4) Los mitos, la esfera mitopoyética.
81. Carlos de Castro, *Reencontrando a Gaia,* Eds. del Genal, Málaga 2019.
82. Jorge Dioni, «Unas migas en el balcón», *Babelia,* 8 de enero de 2024.
83. «El asesinato es un suicidio. Pone al ser humano en el centro de nuestro mundo. Afirma su responsabilidad. La afirma, no la crea. El ser humano es responsable del mundo. Lo es aunque lo niegue. El asesinato es un suicidio. El rostro del otro implora: no me mates. Al no hacerlo, no se salva solamente al otro; uno también se salva a sí mismo. Y el otro es también la naturaleza. Al no matarla yo me salvo del suicidio. Me afirmo a mí mismo como afirmo al otro». Franz Hinkelammert, *La fe de Abraham*

chileno Jorge Vergara[84] que «ésta no se basa en la creencia en Dios pues su postura actual podría ser denominada agnóstica, sino en un principio inmanente: *el principio de la vida*. Todos los seres vivientes, especialmente los humanos, tienen derecho a la vida y a una vida buena. Formamos parte de una comunidad de vida, y en esta trama el resultado de nuestras acciones afecta al conjunto».

Reparemos en que el socialismo-comunismo, la principal fuerza de transformación social de los siglos XIX y XX (junto al feminismo, los nacionalismos y las luchas anticoloniales), tuvo mucho de fenómeno religioso: una religión de salvación terrenal, *una religión obrera* (sobre lo cual insistieron tanto Manuel Sacristán como Edgar Morin). Deberíamos asimilar dos grandes asuntos: la importancia de la religión como fenómeno antropológico (*Homo sapiens* como *Homo religiosus*) y, a la vez, el potencial de fanatismo y crueldad ínsito a las religiones. Necesitamos «domesticar» las religiones: propiciar que se inserten en una cultura laica democrática y que se laicicen a su vez todo lo posible, en forma de religiones postilustradas que hayan incorporado un ideal de tolerancia.[85]

---

y el Edipo occidental, DEI, San José de Costa Rica 2001, p. 178.

84. En su artículo «Crítica de la sociedad y espiritualidad en Franz Hinkelammert y el Dalai Lama».

85. Si nos referimos aquí a nuestras tres familiares Religiones del Libro, habría que puntualizar con respecto al judaísmo que, como tradición filosófica, probablemente está mejor pertrechado que el cristianismo y el islam para esquivar los extravíos de la intolerancia y la violencia. Véase por ejemplo Hilary Putnam, *La filosofía judía: una guía para la vida,* Alpha Decay, Barcelona 2011; o Gérard Garouste (con Judith Perrignon), *El intranquilo. Retrato de un pintor, un hijo, un loco,* Errata Naturae, Madrid 2024.

   Por supuesto, también desde el judaísmo, sobre todo cuando se entrevera con el nacionalismo sionista, pueden desencadenarse las peores formas de opresión y daño, hasta desembocar en la limpieza étnica y el genocidio: véase la invasión de Gaza por el ejército israelí en el invierno de

En ese marco, y rememorando el carácter religioso del socialismo-comunismo en su encarnadura como movimiento social real, ¿podemos pensar en una suerte de religión de la Madre Tierra (lo más laica posible, insisto), o en la incorporación de cierto carácter sagrado de la Tierra en las grandes religiones ya existentes? Un poco a la manera de lo que ha intentado el Papa Francisco en el catolicismo: pensemos en su vigorosa encíclica de 2015 *Laudato si,* sobre el cuidado de la casa común…

Por ahí va también la idea de una «mesorreligión» gaiana que propugna Ferran Puig Vilar.[86] José Albelda aprecia esta idea porque puede sugerir un territorio intermedio entre la sacralidad y ritualidad propias de las religiones, y el respeto y sacralidad material del vínculo ecológico.[87] Y hay que insistir en que, en una sociedad como la nuestra, donde la ciencia desempeña

---

2023-24. Hay que insistir en lo que señalé arriba: el potencial de fanatismo y crueldad es intrínseco a las religiones.

86. Ferran Puig Vilar, «Mesorreligión para una acción intersticial con sentido», en José Albelda, Fernando Arribas-Herguedas y Carmen Madorrán (eds.), *Humanidades ecológicas. Hacia un humanismo biosférico,* Tirant Humanidades, Valencia 2023, p. 258-273. Republicado en la revista digital 15-15-15: https://www.15-15-15.org/webzine/2024/02/01/mesorreligion-para-una-accion-intersticial-con-sentido /

Nuestro amigo explica su creación léxica de esta forma: «La mayoría de las religiones tienen dos componentes. Uno es exotérico (cosmovisión, normatividad ética, etc.) y el otro esotérico (el mundo espiritual, lo intangible, las distintas representaciones de la divinidad). Aunque cada una otorga pesos diferentes a cada aspecto, creo que es lícito situar la línea *meso* en esta división. Una de las ventajas de tomar esta referencia es que permite a agnósticos y ateos llegar hasta ahí –con la posibilidad eventual de atravesar la línea si lo desean– al tiempo que pueden reconocer a Gaia como ser vivo científicamente demostrado o, alternativamente, como deidad intermedia. De ahí lo de *Ilustración radical Gaiana,* recordando al panteísmo de Spinoza (Dios es la naturaleza, Ilustración radical según Margaret Jacob) sin excluir el panenteísmo (la naturaleza es Dios y *está en* Dios)». Comunicación personal, 11 de enero de 2024.

87. Comunicación personal, 11 de enero de 2024.

un papel tan destacado, es importantísima la aportación que puede hacer la teoría Gaia a las *mesorreligiones* y ecoespiritualidades que buscan un nuevo vínculo con la Tierra.

Para la Iglesia católica, el mandato del Papa Francisco ha posibilitado avanzar un buen trecho hacia una ecoespiritualidad cristiana. Una muestra de ello puede verse en el librito editado en 2022 por la Comisión General Justicia y Paz, que busca acercar «los ejercicios espirituales ignacianos a la ecología integral, para recorrer el proceso de *conversión ecológica* que concluye con una transformación de los hábitos de vida y contribuye a un desarrollo integral de la creación».[88] La secuencia consta de cinco fases que se sintetizan así: «1) la toma de consciencia de las pulsiones destructivas y la necesidad de reconciliación; 2) el recuerdo de la excelencia del cuidado amoroso; 3) la comprensión del sistema económico que crea tanta desigualdad y muerte para una gran parte de la población; 4) asumir la misión de quien siente la bienaventuranza de la justicia de Dios, reafirmando el compromiso en la defensa de los derechos de los pueblos que permitan caminar hacia la paz; 5) la contemplación para alcanzar el amor, cultivada mediante el contacto con la fuente que nos da la vida».[89] Desde estas perspectivas se afirma que «en nuestro siglo es imposible separar la palabra espiritualidad de la palabra cuidado de la Tierra».[90] En nuestro país, Rafael Díaz-Salazar ha hecho un trabajo enorme para aproximar las luchas y propuestas ecologistas al mundo cristiano.[91]

---

88. Xavier Melloni, María Toscano, Enrique Lluch, Montserrat Serrano y Fidel García: *Espiritualidad ecológica -Aprender a vivir de otra manera.* Comisión General Justicia y Paz, Madrid 2023; https://www.silene.org/wp-content/uploads/2024/05/Espiritualidad-ecologica-2022.pdf
89. https://www.silene.org/es/centro-de-documentacion/espiritualidad-ecologica-aprender-a-vivir-de-otra-manera
90. *Espiritualidad ecológica. Aprender a vivir de otra manera,* op. cit., p. 27.
91. Véase por ejemplo su tratado ecosocialista *Hacia el poscapitalismo,* nú-

Desencantamiento del mundo es la célebre noción que introdujo en 1917 Max Weber (en su conferencia «La ciencia como vocación») para caracterizar algunos aspectos del despliegue de la cosmovisión moderna (mecanicista y secular). Hoy, conscientes de la gigantesca trampa donde desemboca esa Modernidad euro-occidental, nos referimos a veces a la necesidad de *reencantar* el mundo. Y es una buena idea: siempre que ese reencantamiento no se entienda como volver a introducir creencias supersticiosas, sino como una opción por no sofocar nuestras dudas, permitirnos el reconocimiento de nuestra ignorancia, no ceder al *horror vacui* que nos empuja a rellenar los vacíos de conocimiento con dudoso material de acarreo.

«Reencantar el mundo» en clave ecosocial no significa desprenderse de la racionalidad o minimizarla, sino aspirar a formas de racionalidad menos reductivas, menos patriarcales, menos individualistas, menos hostiles a la naturaleza, menos escindidas del cuerpo, más conectadas, más prácticas, más terrestres.[92]

¿Confiar en el misterio? Al menos, asumir nuestras dudas. «Nunca le preguntes el camino a quien ya lo conoce: corres el riesgo de no perderte», decía el rabino Najman de Breslev a finales del siglo XVIII, exaltando la alegría jasídica.[93] Se trata de esquivar cualquier tentación de certeza absoluta y ser capaces de soportar la tensión de la incertidumbre, como suponemos es capaz de hacer la ciencia bien entendida. (Ésa es una razón importante para situar la teoría Gaia en la base de la nueva cosmovisión que necesitamos.)[94]

---

mero 240 de los *Cuadernos de Cristianisme i Justícia,* 2025; https://www.cristianismeijusticia.net/sites/default/files/pdf/es240.pdf
92. Abogué por la racionalidad ecológica en «Hacia una teoría de la racionalidad ecológica», cap. 2 de *La habitación de Pascal,* Catarata, Madrid, 2009.
93. Lo recuerda Gérard Garouste al comienzo de su libro de memorias, *El intranquilo,* ya citado.
94. Un componente clave de nuestra tragedia es que necesitamos un cam-

Alan Watts, con su latido oriental, más allá del teísmo y del dogma, decía que la verdadera religión es la transformación de la angustia en risa.

Hemos hablado de *mecanicismo:* conviene profundizar un poco en esta cuestión. Para la concepción dominante en la cultura occidental, las plantas o los hongos son apenas seres vivos, más semejantes a los objetos inanimados que a los animales. En cambio, para los pueblos originarios no hay ninguna duda de que son sujetos vivos de quienes podemos recibir enseñanzas y a los que debemos reciprocidad y gratitud: un ejemplo de ello es el precioso libro de Robin Wall Kimmerer (a la vez profesora universitaria de Botánica y activista indígena potawatomi) *Una trenza de hierba sagrada.* Ahora, la ciencia occidental más avanzada está redescubriendo que la visión de aquellos «salvajes» amerindios es la más acertada, como muestran por ejemplo los trabajos de Stefano Mancuso sobre sensibilidad e inteligencia en el mundo vegetal.[95]

Cuando presentamos *Humanismo del árbol* de Carlos Edmundo de Ory (en la Casa de la Lectura de Segovia), Salvador García, Luci Romero y yo, los tres estuvimos de acuerdo en que no se trata de humanizar al árbol, sino de arborecer nuestra cultura.

¿Cómo podemos habernos confundido tanto sobre la naturaleza de las plantas y otros seres vivos? El antropocentrismo es una de las razones; pero otra muy importante la hallamos en un rasgo básico de la concepción del mundo dominante en

---

bio (rápido) de cosmovisión, pero como agentes para cambiar concepciones del mundo los algoritmos de Facebook y otros medios digitales (al servicio de la huida hacia adelante capitalista) les dan cien vueltas a nuestros esfuerzos artesanales de ecoalfabetización.

95. Stefano Mancuso y Alessandra Viola: *Sensibilidad e inteligencia en el mundo vegetal.* Galaxia Gutenberg, Barcelona 2015.

Occidente: su *mecanicismo*, el cual sostiene que la naturaleza es, en su esencia, una gran máquina. Desde la revolución científica del siglo XVII, la visión mecanicista de la naturaleza se fue extendiendo por todo el mundo: veamos brevemente cómo se llega ahí.

En la Antigüedad grecorromana, igual que para los pueblos originarios como los potawatomi, la naturaleza (*physis*) está viva.[96] Desde Anaximandro hasta Platón se compara el origen del universo con la formación y el nacimiento de un ser vivo. Resuenan «los ecos del Mediterráneo primordial: su inveterada veneración de la Madre Tierra, una tierra que actúa literalmente como una madre y también tiene que ser inseminada. En los mitos y ritos [grecorromanos] hay una clara preocupación por la fecundidad del ser humano y de la tierra. Agricultura, cuidado del ganado, formación de rebaños de cabras y ovejas mantienen a los hombres cercanos a la tierra, labrada o no, recordándoles su fecundidad».[97]

Tenemos aquí una *natura* viva y fecunda como experiencia que se deriva del nacimiento, del parto: naturaleza es lo que nace. Pero luego viene —con el cristianismo, sobre todo en la Europa de los siglos XII a XIV— la idea de *contingencia* que explica tan bien Ivan Illich: todo lo existente es un puro regalo de Dios, sostenido por su sola voluntad.[98] La Naturaleza descansa sobre las manos de Dios —ah, pero luego éstas se van retirando…

Carloyn Merchant (en su ensayo de referencia *The Death*

---

96. Una buena introducción a las cosmovisiones no occidentales en J. Baird Callicott: *Cosmovisiones de la Tierra* (presentación de Ricardo Rozzi). Plaza y Valdés, Ciudad de México / Pozuelo de Alarcón 2017.
97. Clarence J. Glacken: *Huellas en la playa de Rodas. Naturaleza y cultura en el pensamiento occidental desde la Antigüedad hasta finales del siglo XVIII*. Eds. del Serbal, Barcelona 1996, p. 49.
98. Iván Illich y David Cayley: *Últimas conversaciones con Iván Illich*. El Pez Volador, Pamplona 2019, p. 108 y ss.

of Nature, 1980) argumenta de forma convincente que, con tal elevación de la natura, se crean las condiciones para que ésta, una vez apartada de las manos de Dios, pierda lo que era su rasgo más esencial: su condición de algo vivo. Con eso ya nos encontramos en la Europa de Francis Bacon, Thomas Hobbes y René Descartes, donde gradualmente va ganando predominio el paradigma mecanicista. Un mundo de fuerzas vitales y vivas «dejó paso a un sistema mecanicista inerte que apoyaba las nuevas tendencias capitalistas de la sociedad moderna».[99]

La comparación del universo con un reloj se abre terreno a partir del siglo XIII (quizá el pionero sea Oresme, quien la formula en su crítica al tratado *Del cielo* de Aristóteles).[100] En 1605, Kepler emplea también la metáfora del reloj: «Mi intención es mostrar que la máquina celestial es más comparable al mecanismo de un reloj que a un organismo divino». Análogamente, Descartes declara: «No reconozco diferencia alguna entre las máquinas hechas por artesanos y los diversos cuerpos que la naturaleza compone por sí misma». Newton da una vuelta de tuerca, formulando las leyes físicas universales que rigen el movimiento de los cuerpos inertes, y «la naturaleza pasa a ser considerada como una máquina perfecta. El universo, para Newton, era un Gran Reloj, y Dios, el Gran Relojero».[101]

De la idea —en Tomás de Aquino y Guillermo de Ockham— de la naturaleza como creación divina continua y contingente pasamos al mundo de materia muerta de la Ilustración europea (La Mettrie y el Marqués de Sade). «La [idea de]

---

99. Carolyn Merchant: *La muerte de la naturaleza. Mujeres, ecología y revolución científica.* Comares, Granada 2020, p. xix.

100. José Manuel Naredo, *La economía en evolución* (segunda edición), Siglo XXI, Madrid 1996, p. 21. Primera edición de este libro clave en 1987; cuarta, corregida y actualizada, en 2015.

101. Yayo Herrero, *Ausencias y extravíos.* Libros en Acción / revista Contexto, Madrid 2021, p. 67.

contingencia crea las condiciones por medio de las cuales, al llegar el momento del ocaso de la contingencia, la naturaleza va a perder no sólo su relación con Dios —que le había sido conferida de un modo claro y explícito en la alta Edad Media— sino también una característica que no estaba relacionada con el cristianismo: su vitalidad. La ciencia moderna presupone una naturaleza que no está viva. (…) Una vez que el universo ha sido arrebatado de las manos de Dios ya puede ponerse en manos de los hombres, pero esto no hubiera podido suceder sin que, previamente, la naturaleza hubiera sido puesta en las manos de Dios».[102]

Con Fritjof Capra, podríamos cifrar las raíces del paradigma hoy dominante (productivismo: / consumismo: / extractivismo) sobre todo en estas dos: «Una es la ciencia mecanicista, la ciencia del siglo XVII desarrollada por Galileo, Bacon, Descartes, Newton y sus contemporáneos. La otra es el sistema patriarcal de valores que, desde luego, procede de actitudes, esquemas de conducta y creencias patriarcales mucho más antiguos. Y las dos se hallan estrechamente entrelazadas».[103] El concepto de naturaleza que prevalece en Occidente, una naturaleza externa a los seres humanos, siempre pasiva y concebida de forma instrumental (como medio para los fines humanos), nos desencamina trágicamente. «Los biólogos señalan principios intrínsecos a la vida que se apartan categóricamente de la más compleja de las máquinas. Los organismos vivos no pueden ser descompuestos, como un ordenador, en *hardware* y *software*. La composición biofísica de una neurona está intrínsecamente ligada a sus computaciones: la información no existe separadamente de su construcción material. En décadas recientes, los pensadores de sistemas han transformado nuestra comprensión

---

102. Illich, op. cit., p. 114.
103. Fritjof Capra y David Steindl-Rast: *Pertenecer al universo*. EDAF, Madrid 1994, p. 97.

de la vida, mostrándola como un sistema auto-regenerativo y auto-organizado, que se extiende como un fractal a una escala siempre creciente, de una simple célula a un sistema global de vida en la Tierra. Todo en el mundo natural es más dinámico que estático, y los fenómenos biológicos no pueden predecirse con precisión: en lugar de leyes fijas, necesitamos investigar los principios organizativos subyacentes de la naturaleza. Esta nueva concepción de la vida nos lleva a reconocer la interdependencia intrínseca de todos los sistemas vivientes, incluido el ser humano. Nos ofrece las bases de un futuro sustentable en el que la tecnología sea utilizada no para conquistar la naturaleza o para reorganizarla, sino para armonizarnos con ella, haciendo así nuestra vida más floreciente y llena de sentido».[104]

Una cautela se impone aquí: aunque a veces identificamos mecanicismo y reduccionismo,[105] yo diría que la reducción analítica como tal no es el problema, sino el no regresar desde ahí a los niveles superiores de organización, y desconocer la existencia de propiedades emergentes (y sobre todo la visión instrumentalizadora y cosificante de la naturaleza, claro está).

En cualquier caso, y de manera un tanto sorprendente, cuando la ciencia occidental, desde finales del siglo XIX, va encontrando la salida del mecanicismo en una serie de rupturas epistémicas de gran calado (termodinámica, que ya en la segunda mitad del siglo XX se convertirá en termodinámica de estructuras disipativas; teoría de la relatividad; mecánica cuántica; ecología; teoría de sistemas…), sin embargo el meca-

---

104. Jeremy Lent: «Una casa sobre suelo movedizo: Ocho fallos estructurales de la visión occidental del mundo». Revista digital *15-15-15*, 27 de marzo de 2021; https://www.15-15-15.org/webzine/2021/03/27/una-casa-sobre-suelo-movedizo-ocho-fallos-estructurales-de-la-vision-occidental-del-mundo /
105. Por ejemplo: Maria Mies y Vandana Shiva: *Ecofeminismo*. Icaria, Barcelona 2015, p. 73 y ss.

nicismo se hace fuerte en algunas disciplinas que todavía hoy constituyen verdaderos pilares de la cultura dominante: me refiero sobre todo al marginalismo neoclásico en economía y a la biología molecular en ciencias de la vida. Y aunque he escrito «sorprendente», en realidad la sorpresa no debería ser grande, habida cuenta de la afinidad profunda entre el mecanicismo y el capitalismo: un mundo de objetos inertes se deja convertir más fácilmente en un mundo de mercancías. Hoy se hace muy necesaria una filosofía no mecanicista especialmente en esos dos ámbitos, economía y biología.[106]

El ecoteólogo Thomas Berry, muy evocado por las corrientes de pensamiento «neoanimistas», sugiere que hay que concebir «el universo como una comunión de sujetos, no una colección de objetos».[107] No deberíamos ver al pino silvestre o al cuervo como un *qué*, sino como un *quién*. Y podemos asentir a la sugerencia de Yayo Herrero: «Necesitamos una ciencia —natural y sobre todo social— que piense la naturaleza desde dentro, sin intentar dominarla, aliándose con ella. Unas ciencias terrícolas capaces de desacelerar los excesos cometidos por la propia ciencia. En la novela de Tarashea Nesbit *Las esposas de los Álamos,* uno de los esposos que trabaja clandestinamente para conseguir la bomba atómica en el desierto polvoriento se pregunta: *¿No deberíamos conseguir fracasar?*»[108]

---

106. Sirvan como valiosos ejemplos, para lo primero, el enfoque económico ecointegrador de José Manuel Naredo (*La economía en evolución,* op. cit., p. 463 y ss.); y para lo segundo la propuesta de un «darwinismo activo» por parte de Denis Noble, que con agudeza estudia Fran Navarro («La filosofía de la biología de Denis Noble. La propuesta de un *darwinismo activo* y la búsqueda de un nuevo lenguaje para la biología del siglo XXI», ponencia presentada en el seminario de GHECO, sesión del 8 de abril de 2024).
107. Robin Wall Kimmerer: *Una trenza de hierba sagrada. Saber indígena, conocimiento científico y las enseñanzas de las plantas.* Capitán Swing, Madrid 2021, p. 72.
108. Herrero, op. cit., p. 74.

Religión y filosofía son intentos de respuesta a los rasgos trágicos de la condición humana: vivimos en un mundo lleno de sufrimiento y estamos destinados a la muerte. ¿Cómo nos hacemos cargo de esa condición humana signada por la finitud? Religión y filosofía ofrecen toda una serie de propuestas en un *continuum* que va de lo más supersticioso a lo más racional.

Tanto el budismo como la ecología nos sugieren que todo está conectado con todo; vivimos en la interconexión y la interdependencia. «Todas las cosas / las cosas próximas o lejanas / de una manera oculta / están ligadas las unas a las otras / por un poder inmortal. / De modo que no podéis arrancar una flor / sin molestar a una estrella…» (Francis Thompson)[109]

Por lo demás, romper, y luego reparar lo roto (o prometer hacerlo), es una inagotable fuente de negocio para el capitalismo. «Lo roto» incluye nuestras psiques dañadas. (Ahora, la oleada de *mindfulness* mercantilizada anega Occidente…)[110]

Destotalizar, descompletar, construir desde el Otro –nos seguían diciendo, cansados y amables, los psicoanalistas.

La cultura humana ha de ser capaz de sostenerle la mirada a la muerte. Y de integrar la muerte en la vida, como la dimensión de la vida que la muerte es. La tecnociencia no lo hace: baja la mirada. La música sí, la danza sí, la pintura sí, la poesía sí…

Hijo de tu tiempo, padre de tus actos, huérfano de dios.

«La historia es una pesadilla de la que quiero despertar» (Borges recordó a Joyce, discurseando sobre budismo). Podemos despertar.

---

109. Francis Thompson, «The Mistress of Vision»; http://www.poemhunter.com/poem/the-mistress-of-vision/
110. Estamos ya en el nivel del *mindfulness* aplicado al bienestar de la Policía Nacional: https://proyectohuci.com/es/mindfulness-aplicado-al-bienestar-policial-h-policia/

Queremos resultados políticos rápidos porque hemos interiorizado una cultura de la gratificación inmediata… y no hay atajos. Y necesitamos resultados rápidos porque el mundo se cuartea y empobrece y desmorona (crisis ecológico-social… pero no hay atajos.

Hemos caminado a través de la historia como sonámbulos (*sleepwalkers,* diagnosticó Langdon Winner). ¿Llegaremos a alguna clase de despertar colectivo? Buda —y todas las demás sabidurías de la «Era Axial»— nos intima a despertar… Lo mismo Kant —y todas las demás Ilustraciones—: madurar, llegar a la edad adulta. ¿Seremos como sociedad capaces de ello?

«El ego individualista ha convertido la palabra *yo* en el mantra del siglo XXI en Occidente. *Yo* para afirmarme y reafirmarme. *Yo* porque me lo susurra mi ego hinchado. *Yo* porque me lo exige mi ego humillado. *Yo* desde el convencimiento de que si no me preocupo por mí mismo nadie lo hará. *Yo* para reclamar mis derechos, gritar mi verdad, señalar a los supuestos culpables de mis frustraciones, y exigir que *alguien* haga algo para resolver los problemas que azotan esta jungla humana en la que se ha convertido la convivencia. Pero se trata de un *yo* ciego, ignorante de que tan sólo es una triste marioneta que deambula perdida por el idioceno.»[111]

Descentrar el ego, decíamos antes, como uno de los componentes básicos de las ecoespiritualidades. «Soy el héroe:/de una historia:/carente de relato:/y carente de héroe» (Abbas Kiarostami). Se trataría de recoger los pedazos del yo —para construir no otro ego, sino un mosaico diferente.

«Mi alma es anónima», decía Roger Munier: «no acepto mi nombre sino con desagrado». Y suspira Wordsworth: «Por fin me he librado del peso de ser yo». ¿Nos animamos a lo anónimo?

---

111. Ana Campos y Antonio Aretxabala, «¿Hay alguien ahí fuera?», en el blog *Sobrevivir al Idioceno,* 20 de enero de 2024; https://idioceno.blogspot.com/2024/01/hay-alguien-ahi-fuera.html

«Nos llamamos filósofos aficionados para no comprometernos demasiado y porque ese nombre es mucho para cualquiera», escribió el colombiano Fernando González… También es excesivo el nombre de poeta.

«Yo soy poeta», «yo soy filósofa»… Reivindiquemos más bien con Theodor .W. Adorno lo no-idéntico, esa vía regia para salir del callejón sin salida. «Nadie puede ser de nadie: / eso es como querer / hacerse dueño del aire» (copla de Francisco Díaz Velázquez).

Gary Snyder habló sobre los dioses con un tibetano, quien le dijo: «Oh, los dioses. Tienen un gran ego. Les vendría bien hacer meditación y trabajarse sus egos…»[112] Pues sí: ¿visualizamos a Zeus y Apolo sentados en su cojín de meditación?

En la misma entrevista (de 2012), Barbara Gates y Wes Nisker, editores de *Inquiring Mind,* comentan a su entrevistado que en varios de sus escritos él pregunta a la gente si sabe qué pájaros hay en su jardín o a qué hora es la marea alta, y Snyder contesta: «Lo considero una forma de buenos modales, de buena educación. No se trata sólo de conocer a tus vecinos humanos, sino también a todos los demás vecinos. La buena

---

112. Entrevista en *Inquiring Mind,* primavera de 2012. Traducida parcialmente en el blog *climaterra.org:* https://www.climaterra.org/post/gary-snyder-c%C3%B3mo-vivir-la-magnitud-de-la-crisis-sin-caer-en-el-miedo-y-la-culpa

Dice también el poeta: «Los japoneses solían creer que el emperador era un dios, y yo siempre pensé que eso era horrible, una especie de arrogancia loca. Pero resulta que los caballos y los burros también pueden considerarse dioses. Y los osos son dioses, sobre todo en el norte de Japón. La idea es que un dios es un ser espiritual que aún está dentro de la rueda de la naturaleza, está en un reino ligeramente diferente, quizá tiene una duración de vida diferente, un tipo de metabolismo diferente, o quizá no tiene ningún metabolismo. Estos seres están incluidos en la rueda del nacimiento y la muerte, los *seis caminos*…»

educación implica ser capaz de saludar de forma inteligente a un árbol, a un pájaro. Y eso significa que al menos deberías saber su nombre (...). Reconocer que somos impermanentes y que no lo entendemos todo a la perfección genera cierta modestia. La impermanencia nos inspira a hacer un buen trabajo, a hacer las cosas bien. Puede sonar contradictorio, pero la impermanencia no significa que estemos en un universo de usar y tirar. Al contrario: como todo es impermanente, voy a construir mi casa para que dure un tiempo. Eso también es buena educación. ¡Buena educación es reconocer la impermanencia y aportar dignidad a todo en el proceso!»

Necesitamos —Serge-Christophe Kolm tiene mucha razón en eso[113]— propagar un budismo filosófico en Occidente: un budismo sin creencia.[114] Y la vía para ello —Pierre Hadot enseña— es cierta aproximación a la filosofía helenística: el huerto de Epicuro, las enseñanzas de la Stoa...[115] En la Antigüedad grecorromana, nos muestra Hadot, los filósofos que fundaron escuelas no querían desarrollar sistemas teóricos, sino proponer modos de vida. Formas de vida buena.

En particular, la antigua ética estoica afirma que el fin último de la vida humana consiste en «vivir conforme a la naturaleza» y en armonía con el universo. Hoy, NN.UU. desarrolla un programa de *armonía con la naturaleza,*[116] pues «el planeta Tierra y sus ecosistemas son nuestro hogar y *Madre Tierra* es una expresión común en diversos países y regiones, que refleja

---

113. Kolm, *Le bonheur-liberté (bouddhisme profond et modernité)*, PUF, París 1982 (segunda edición en 1994).
114. Importante al respecto Stephen Batchelor, *Budismo sin creencias. Guía contemporánea para despertar,* Gaia eds., Móstoles 2005.
115. Pierre Hadot, *Ejercicios espirituales y filosofía antigua,* Siruela, Madrid 2006. José María Zamora, *Éticas estoicas,* Tecnos, Madrid 2023.
116. Resolución 64/196, aprobada por la Asamblea General el 21 de diciembre de 2009, sobre Armonía con la Naturaleza. https://documents-dds-ny.un.org/doc/UNDOC/GEN/N09/473/62/PDF/N0947362.pdf?OpenElement

la interdependencia que existe entre los seres humanos, otras especies de seres vivos y el planeta en el que todos vivimos».[117]

Todo lo interesante en la vida sucede lejos del equilibrio —nos dice la termodinámica—. Y sin embargo necesitamos cultivar la armonía —nos dicen las pensadoras y pensadores.

Colombia tiene a sus indios de la Sierra Nevada de Santa Marta, la Amazonia tiene a chamanes como Davi Kopenawa Yanomami, el Tíbet tiene a sus monjes budistas; nosotros tenemos la poesía y música flamenca. (No hay en ello exageración. Son reservas de sabiduría… atravesadas, como no podría ser de otro modo, por las múltiples resquebrajaduras de lo humano.)

En Sri Lanka —revela Javier Limón— hay una ciudad, antigua de cuatro mil años, que se llama Siguiriya.

¿Existe un *kosmos,* un orden universal que de alguna forma garantice que el sufrimiento y el sacrificio no pueden ser vanos? Quizá ésta sea la cuestión de fondo que separa la creencia religiosa de las espiritualidades laicas. Pues estas últimas renuncian a aquella clase de consuelo y desarrollan, por ello, cierto *sentimiento trágico de la vida.*

No puedes detener las olas, nos dicen los maestros y maestras budistas, pero puedes aprender surf.

La cultura dominante sueña con drones, impresoras 3D y pantallas 4K… Yo sopeso en las manos el tutusoma arhuaco. (Nos deforma esa cultura dominante que cuenta y calcula en milésimas de segundo, a la par que destruye el tiempo de la vida.) Desde el reloj mecánico ¿seríamos capaces de avanzar hasta el reloj de arena, y desde éste al reloj de humo?

El ser humano, quizá, iba camino de entenderse a sí mismo

---

117. Resolución 77 / 169, aprobada por la Asamblea General de NN.UU. el 14 de diciembre de 2022, sobre Armonía con la Naturaleza. https://documents-dds-ny.un.org/doc/UNDOC/GEN/N22/756/62/PDF/N2275662.pdf?OpenElement

y aprender a habitar la Tierra. El capitalismo se cruzó por medio. Esa tragedia sucedió desde mediados del siglo XVIII (o desde el XIV, si queremos partir de los orígenes del capitalismo mercantil europeo) y no ha dejado de agravarse desde entonces.

Hoy la filosofía de laboratorio (filosofía experimental) desprecia a la filosofía tradicional («filosofía de sillón»). Pero lo que de verdad necesitamos es filosofía de asamblea y filosofía de huerto (ah, el jardín de Epicuro). De éstas últimas hay muy poco.

«Frente a toda actividad científica», escribe J.L. Villacañas, «la filosofía no sólo necesita seguir la lógica de la especialización, sino siempre la lógica de la democratización».[118] Pero ¿por qué se piensa que esto distinguiría a la filosofía de las ciencias? Todos los saberes necesitan romper la «barbarie del especialismo» (Ortega) y buscar su democratización. Con qué vigor insistían Robert Jungk y Wolfgang Harich en la importancia de los generalistas en tiempos de crisis de civilización…[119]

Montaigne: la grandeza de que la filosofía se ocupe, también, del placer de rascarse. (Étienne de la Boétie, Michel de Montaigne y Marie de Gournay —¡qué trío de ases!)

«La tierra es tierra en todas partes; la gente es gente en todas partes» (Damiana Conde). Pero la cultura dominante quiere dejar atrás la tierra (y la Tierra), e intenta que los seres humanos dejemos de serlo…

«Con los discapacitados no hay presión por los resultados y el rendimiento», nos dicen los psicólogos que trabajan en programas terapéuticos con agroecología… Pero ¿nos daremos

---

118. José Luis Villacañas, «El Día Mundial de la Filosofía», *Levante,* Valencia, 24 de noviembre de 2015 (http://www.levante-emv.com/opinion/2015/11/24/dia-mundial-filosofia/1345431.html)
119. Wolfgang Harich, *¿Comunismo sin crecimiento?,* Verso, Barcelona 2023, p. 34 y 89.

cuenta de que, como sugirió Henri Michaux, todas y todos somos discapacitados?

Horticultura para una sociedad cuya cultura está profundamente enferma. Jardinosofía para una sociedad que ha extraviado sus criterios para distinguir lo trivial de lo importante. Está en marcha todo un movimiento de horticultura social y terapéutica... ¿Nos daremos cuenta de que no son colectivos especiales de «discapacitados» quienes necesitan ayuda —es toda nuestra sociedad, nuestra cultura?

Terapia con huertos. Terapia con animales. Terapia con naturaleza. Biofilia para una sociedad donde impera lo tanático. Pero ¿no hay algo desquiciado en una sociedad que tiene que recetarse a sí misma las buenas prácticas socio-ecológicas como terapia?

Hace años Thabo Mbeki —entonces presidente de Sudáfrica— dijo que su objetivo era que en su país todo el mundo tuviese una segunda residencia y un mes de vacaciones. ¿Y si nos despedimos de la segunda residencia –pero a cambio con un cuatrimestre de vacaciones?

Para la gente lúcida, se diría que hoy en día no hay forma de esquivar la depresión y la ecoangustia[120] sin desarrollar otra

---

120. La filósofa francesa Corine Pelluchon observa en una entrevista: «La eco-ansiedad es un paso necesario. No es una simple *bajona*. Se trata de un requisito previo para hacer frente a los cambios que se avecinan, para cambiar nuestro estado de ánimo y desarrollar una relación diferente con los seres vivos. Las personas que sufren ansiedad ecológica expresan básicamente su amor por el mundo. Vivimos en una época peligrosa y creativa a la vez. Si el ambiente es sombrío, me parece que también hay señales de algo positivo que es absolutamente necesario apoyar. Pero esto también significa que tenemos que aceptar que, por mucho que nos esforcemos en proponer algo, no necesariamente veremos resultados concretos y tangibles. La conciencia del calentamiento global es la semilla de una nueva esperanza, al saber que la ecología significa simplemente una forma diferente de vivir juntos.» Corine Pelluchon: «Nous sommes dans une

relación con el tiempo, otra vivencia de nuestras temporalidades. ¡Nada menos!

«Si la gente tuviera tiempo para pensar…» En esta fría y soleada mañana de abril, he venido al parque de Pradoluengo con el joven cineasta Javi y su aún más joven hermano Carlos, camarógrafo en formación. Quieren rodar un documental, o quizá más de uno, y piezas audiovisuales cortas: «La idea del documental es acercar la urgencia de actuar a las personas de a pie que viven ajenas a la crisis ecosocial. Queremos generar una especie de diálogo mediante entrevistas a personas con distintos niveles de concienciación que guíe al espectador hacia una actuación decrecentista. También deseamos alejarnos un poco de la impostura de la televisión hacia la cercanía de una conversación, por lo que sí que buscamos una conversación extensa, de la duración que nos permita la disponibilidad y hospitalidad del entrevistado…» Y hemos pasado un buen rato juntos, conversando, indagando sobre distintas dimensiones de la catástrofe en que andamos inmersos. Javi abrió los ojos frente a esa dolorosa realidad porque tuvo, hace cuatro años, el tiempo excedente del confinamiento por la covid-19 (ampliado luego en las pausas a que le fuerza su actividad como autónomo) que le permitió leer y reflexionar. Y cree, con razón, que una de las causas principales de nuestra enajenación generalizada es el secuestro de nuestro tiempo: para una gran mayoría, las muchas horas de trabajo asalariado (para ganarse el pan en condiciones laborales precarias) que se unen, sin solución de continuidad, con las labores de la reproducción cotidiana y con el ocio distribuido como droga en pantalla. ¿Cómo abrir los ojos si nos expropian la capacidad de atención? «Si la gente tuviera tiempo para pensar…»

---

société qui fait de la guerre un principe structurant» (entrevista), *L'Echo*, 20 de abril de 2023; https://www.lecho.be/opinions/general/corine-pelluchon-nous-sommes-dans-une-societe-qui-fait-de-la-guerre-un-principe-structurant/10461645.html

No hay manera de hacer cuadrar la filosofía y la prisa. Así que en nuestro mundo no hay lugar para la filosofía…

En esta desquiciada sociedad nuestra, rehén de la aceleración, basta con ir despacio para desaparecer.

¿Qué quiere decir en la práctica *slow academy*? Estancias de investigación, sí, pero nada de avión: sólo tren, barco y bicicleta. (Siempre me acordaré de la joven estudiante Clara viajando desde Alemania a Cantoblanco en su bici, en ese 2020 marcado por la pandemia de covid-19.)

La aceleración multiplica los contactos superficiales, pero al mismo tiempo impide que podamos acompañarnos de forma duradera. Por eso es tan extraordinariamente destructiva de la sustancia humana.

¿Quién devora el tiempo de nuestros días? «Somos peces fabricando anzuelos», deplora la poeta Ana Pérez Cañamares. Los aprisionados defienden a sus carceleros, los envenenados defienden a sus envenenadores. Ya no tenemos tiempo de tener tiempo —advierte George Steiner frente a los procesos de aceleración social.

La aceleración social y la comunicación a través de algoritmos destruyen los fundamentos de la racionalidad: nuestras capacidades de atención, ponderación, reflexión, deliberación… El *smartphone* es un arma de alienación masiva. No debería sorprender que cada vez nos cueste más llegar a mínimos de racionalidad colectiva.

En el mundo 24/7, hasta tener tiempo para uno mismo y los seres cercanos se convierte en un lujo mercantilizado. Poder leer libros de novecientas páginas no sólo en verano: ése sería un criterio importante para saber si avanzamos hacia una sociedad socialista.

Las cosas llevan su tiempo. Un buen pan requiere más de siete horas; si se abrevia el proceso, perdemos lo que vale la pena. Sin tiempo disponible no hay amistad, ni amor, ni educación, ni arte, ni democracia, ni inteligencia…

Sin una buena educación humanística estamos perdidos. Pero ¿quién tiene hoy tiempo para eso? Los aparatos de reproducción de sonido e imagen incorporan mecanismos para acelerar su funcionamiento: x1,5, x2… El uno a uno (¡que un minuto no sea más que un minuto!) parece una pérdida de tiempo, si hay que ingerir en poco tiempo tantas series, tantos libros resumidos[121], tantos podcasts…

La aceleración degrada capacidades humanas básicas (atención, reflexión, escucha), imprescindibles si queremos conservar un horizonte emancipatorio. La aceleración es un vector central para la distopía transhumanista.

Tiempo para leer, tiempo para pasear, tiempo para cocinar, tiempo para encontrarse con los amigos, tiempo de amor, tiempo de contemplación… Casi lo peor que puede decirse de esta sociedad es que nos priva de tiempo para todo lo importante.

Cerebro rápido, cerebro lento… La razón exige demora. La prisa mata nuestra posible racionalidad.

La prisa en la que vivimos no responde casi nunca a que tengamos cosas importantes que hacer con urgencia, sino a los requerimientos técnicos de un Sistema que trata de mantenernos distraídos y ocupados todo el tiempo, alternando sus opciones de control.

Demasiada gente haciendo demasiadas cosas demasiado aceleradamente… mientras lo esencial se queda sin hacer. «La pereza a la manera occidental consiste en llenarse la vida con actividades febriles, de suerte que no queda tiempo para afrontar las verdaderas cuestiones» (Sogyal Rimpoché).[122]

---

121. En 2024 se ofrecen aberrantes *apps* de Inteligencia Artificial para transformar libros en resúmenes grabados de quince minutos.
122. En Daniela y Olivier Föllmi: *Ofrendas. 130 pensamientos de maestros*

«Escapadas» como sucedáneo de tiempo liberado… Nada de lo que puede ofrecer el capitalismo vale ni siquiera como sucedáneo de una vida verdadera.

«Hasta el infinito y más allá» es una divisa ultracapitalista.

Ir más despacio para poder vivir: se aplica tanto a la macroeconomía como a la existencia personal.

«Muertos humanos, también la tierra muerta, los ríos, las montañas muertas y las criaturas muertas en bosques muertos» (Arundhati Roy).

Vivir cien años… ¿en un mundo que agoniza?

Pasando rápidamente de un asunto a otro, y atrapados en nuestras burbujas comunicativas y cognitivas, y sin prestar atención, la vida se nos escapa.

Exceso de ruido, exceso de velocidad, exceso de luz eléctrica: en estas tres demasías se condensa y hace evidente nuestra manera errónea de vivir.

Hablamos de crisis de la atención (y leemos estadísticas: según estudios recientes, un adolescente hoy sólo logra concentrarse en una tarea 65 segundos en promedio, mientras que la atención de una persona adulta no rebasa los tres minutos). Pero una crisis de atención es una crisis de amor. Y una crisis de amor es una crisis de humanidad.

Enorme aglomeración humana en Chamartín, a la hora de tomar el tren. Todos moviéndonos, meneándonos, viajando, desplazándonos… El baile de San Vito de una sociedad tetanizada.

Llegar lo más rápido posible desde A hasta B, sin tener nada razonable que hacer ni en A ni en B: el sinsentido de la aceleración social contemporánea.

---

budistas, Lunwerg, Madrid 2016, p. 142.

«Lo que llamamos globalización no es más que la aceleración permanente», diagnostica el sociólogo alemán Hartmut Rosa.[123] Todo viaja cada vez más deprisa: las elites en sus jets privados, los drones que buscan a sus víctimas, los capitales que huyen del fisco, los datos mercantilizados a través de la fibra óptica, la información por las ondas… Y esa aceleración constante acaba en el Gran Batacazo.

Padecemos un exceso de comunicación mediada tecnológicamente, al mismo tiempo que nos daña la falta de conexión real con los seres que nos importan (incluyendo ahí a uno mismo).

Si pudiéramos parar —detenernos a reflexionar, conversar, disfrutar, amar, contemplar…— Uno de los rasgos más detestables del capitalismo es que imposibilita esa pausa necesaria. Nos dice Doña Demoscopia que a siete de cada diez españoles y españolas les gusta cocinar, pero sólo una de cada diez personas tiene tiempo para hacerlo…[124] Así nos expropia el capitalismo del tiempo de nuestra existencia. «La forma del progreso contemporáneo: la implacable apropiación y dominio del tiempo y la experiencia» (Jonathan Crary).[125]

La reducción de lo humano a relaciones mercantiles es un fenómeno criminal al que habría que llamar antropocidio.

Cada vez más vivencias en cada vez menos tiempo… Es una aspiración coherente con la sociedad de la mercantilización total (y está impulsada por la desaparición de la esperanza en

---

123. Hartmut Rosa, «La sociedad moderna necesita crecer para permanecer igual», entrevista en *La Vanguardia,* 3 de mayo de 2016; http://www.lavanguardia.com/lacontra/20160503/401523102929/la-sociedad-moderna-necesita-crecer-para-permanecer-igual.html
124. Datos de un estudio de IE Business School citado en M. Lillo, «El auge del *food delivery*», *El País / Negocios,* 20 de marzo de 2016.
125. Jonathan Crary, *24/7,* ed. Ariel, Barcelona 2015, p. 51. Como en el caso de Rosa, aconsejo: no dejen ustedes de leer este valioso ensayo…

una *second life* ultraterrena después de la muerte, en nuestra sociedad secularizada), pero se frustra a sí misma.

La otra gran opción es la buena: buscar la calidad de las experiencias en vez de la cantidad de las vivencias, bailar sobre una baldosa, estar *ahí*. Si el tiempo corre en contra de ti, sitúate —en la medida de lo posible— fuera del tiempo.

Me preguntaron: ¿qué haces en tu tiempo de ocio? Entendí, tras pensarlo un momento, que se estaban refiriendo a ese tiempo en que se intenta solamente vivir, solamente ser…

Es cierto que los seres humanos podemos sacarle algún gusto ocasional a la velocidad —ahí están para demostrarlo las montañas rusas de los parques de atracciones o todo ese loco mundo de las carreras de motos GP—, pero la vida buena queda del lado de la lentitud. Por eso resulta tan destructivo el proceso de aceleración social que analiza Hartmut Rosa.[126]

Paul Bowles escribió sobre lo equivocado que resulta pensar que los momentos de nuestras existencias se repiten. «¿Con qué frecuencia experimentamos una luna llena naciente, con qué frecuencia un encuentro especial? ¿Cinco veces, diez veces? No es mucho…»

Unamuno, en un verso que he recordado muchas veces, aconsejaba «vivir al día en lo eterno». La versión de esta idea en Juan Ramón Jiménez es: «Un día no es un día de la vida, sino una vida. Y no sirve hacer propósitos para la vida de otro día».[127]

---

126. Hartmut Rosa, *Alienación y aceleración. Hacia una teoría crítica de la temporalidad en la modernidad tardía,* Katz, Madrid / Buenos Aires 2016. No dejen ustedes de leer este valioso ensayo…

127. Juan Ramón Jiménez, *Ideolojía,* Ánthropos, Barcelona 1990, p. 101. Otra versión de la idea, en p. 652 de *Ideolojía:* «Demos a cada momento, en lo íntimo y lo exterior, carácter y sentido de permanencia, de eternidad».

Vivir a la vez en el tiempo y fuera del tiempo, se nos dice, es el desafío que plantean las estrofas del *Bhagavadgita*. Y así es: tal es el desafío esencial para las «vasijas resquebrajadas» que somos los seres humanos…

Nayra-pacha es (en la cosmovisión de los pueblos andinos) el *pasado-como-futuro,* preñado de posibilidades que contradicen el tiempo cerrado de la Modernidad colonial. Según Armando Muyolema, «en el mundo andino este concepto une lo que en las teorías occidentales viene a ser la memoria y la utopía. El pasado preñado de presente y de por-venir. El pasado que encierra una promesa de transformaciones en el orden de la vida. Con Gustavo Gutiérrez diríase que se trata de una *memoria profética* que predispone el ánimo hacia la lucha».[128]

Y los zapatistas, desde las montañas del Sureste mexicano: «Sólo para el poderoso la historia es una línea ascendente donde la cúspide es siempre su hoy. Para quien abajo es, el quehacer histórico es un interrogante que sólo se responde mirando hacia atrás y hacia adelante, dibujando así nuevas preguntas».[129]

Una leyenda indígena en Guatemala cuenta que los muertos están enterrados con los ojos abiertos. Y que sólo los cerrarán cuando se les haga justicia.

Un hombre debería poder disponer de su muerte. Si se ocluye esa conexión con lo Abierto, habremos pronunciado la palabra *soberanía* en vano. Esa Gran Ventana ha de poder abrirse en el momento justo.

Una de las ideas más tristes —pero veraces— que pueden ocurrírsenos: que el mundo se degrade (tanto el mundo social como el natural) nos hace más fácil despedirnos de él.

128. Citado en Pablo Uc, *Tinku y Pachakuti: geopolíticas indígenas originarias y Estado plurinacional en Bolivia,* CLACSO / Universidad de Ciencias y Artes de Chiapas, Tuxtla Gutiérrez (Chiapas) 2019, p. 29.
129. Citado en John Berger, «Apuntes para un retrato», *El País,* 17 de febrero de 2008.

Deberíamos vivir, a veces, en el bosque.
Y deberíamos siempre morir en el bosque.

Cómo morir… Las muertes ejemplares de Ramón Fernández Durán y Luis Acebal, cada uno con su estilo personal.

El 4 de enero de 2025 visito a Luis en su piso de Húmera 37, en Aravaca, el hogar que compartió con Silvia durante muchos años… Silvia, que «fue lo mejor que me ha pasado en la vida», repite hoy, rematando bien una vida que va a acabarse pronto por voluntad propia.

Ha fijado la fecha de la eutanasia: 17 de enero a las quince horas, en principio. Y matiza uno «en principio» pues Luis hace frente a la dificultad de coordinar las agendas del pequeño grupo de personas que le acompañarán en esos momentos finales. Quien tiene un compromiso previo, quien padece inconveniente horario laboral, quien pensaba salir de vacaciones al día siguiente… Nuestros días demasiado atareados. La situación tiene su parte de involuntario humor (un poco negro); por otra parte, es cierto Luis encara su muerte con humor. No ha perdido la capacidad de reír, pese a los padecimientos del cáncer.

Otro elemento de comicidad involuntaria: Médicos sin Fronteras (organización heredera universal de Silvia y Luis) ¡nunca había recibido una herencia de alguien aún vivo! ¿Cómo gestionar algo así? El abogado no se aclara, pues Luis es una especie de muerto en vida… Uno intuye que podría rodar toda una serie cómica con su último mes de vida.

Me transmite algo importante para él: en estos últimos días ha descubierto una libertad imprevista. Tiene que ver con pequeños detalles (ya no está obligado a mantener la dieta estricta que imponía la insuficiencia renal: «¡ayer me comí una croqueta riquísima!»), pero seguro que también con la soberanía sobre su propia vida que se manifiesta en el disponer su muerte de la mejor forma (aunque él no lo exprese así).

Y habla también dos éticas, la de trabajo cumplido («no de

misión, que nadie me ha enviado»), y la del cuidado («todo el sentido es para otros y de ellos, y con ellos: interviene la vulnerabilidad compartida»).

El 8 de enero envía este mensaje vía Whatsapp: «Querida familia y amigos: mi proyecto de vida ha acabado tras el último libro. He solicitado mi eutanasia de acuerdo con la ley. Se han dado los pasos oficiales, el último, la aceptación por una comisión de expertos. La fecha final será muy próxima. Seguro de vuestro respeto y comprensión, me despido afectuosamente de todos vosotros. Os deseo la mayor posible felicidad.»

Finalmente Luis, con 88 años, después de una vida larga y cumplida recibe la eutanasia en su domicilio, de forma ejemplar, el viernes 17 de enero a las 15 horas.

Cuando no está uno arreglándose las muelas, está arreglando la batería del ordenador portátil o los efectos de la mala palabra que dañó una amistad... Mas la gente se embrutece con fantasías de inmortalidad.

Reflexiona Franco Berardi «Bifo»: «No sabemos vivir la vejez, no sabemos elaborar el devenir viejos, que es devenir nada, y, como no sabemos elaborarlo, ¿cómo reaccionamos? Como Trump, como hombres blancos frustrados y enfurecidos que pretenden vivir eternamente, buscando soluciones en la biotecnología, en la inteligencia artificial, incluso en la bomba atómica, porque, en último término, diría la civilización del hombre blanco: *Si yo muero, que mueran todos conmigo. Que no quede nada ni nadie.* [Se trataría de] cambiar el enfoque y pensar que, a la vez que el mayor problema, la vejez es la solución. La vejez es absolutamente revolucionaria si somos capaces de vivir el proceso de devenir nada, de ir hacia la muerte, como un proceso natural y agradable, si somos capaces de vivir el desvanecimiento de nuestro cuerpo y de nuestra mente como un acontecimiento extraordinario. Si logramos esto, si cambiamos la tradicional cultura de la resignación ante la muerte por una nueva cultura de la aceptación del devenir nada, daríamos un paso trascendental para salir de la locura de masas en la que estamos inmersos…»[130]

Pues sí: luchar contra la destrucción del mundo es un desafío. Pero lo de envejecer bien también tiene su aquel…

Recordemos que para Ernest Becker (*La negación de la muerte*) el temor ante la muerte es el motor de toda la cultura humana.

Existe la palabra *tanatofobia*.

La falsa euforia de quien vive de espaldas a la muerte… Mejor aceptar la muerte como lo que es: parte de la vida.

¿Qué es lo que más tememos? No resulta fácil ni apropiado generalizar en esto. Pero quizá pueda sugerirse: aún más que la muerte, el no haber existido en la memoria de los otros.

«Por qué la muerte: / tan rapaz: / come/ tan: / lenta» (Santiago Mutis). «A mí no me den la muerte / ni envuelta en papel de seda» (Violeta Parra).

«Pero tampoco olvides que la muerte: / no es más que un atributo de la vida» (Francisca Aguirre). «Aunque se pierdan los amantes, no se perderá el amor;: / y la muerte no tendrá señorío» (Dylan Thomas).

La figura del Renunciante en la cultura hindú… No acumular. No obstruir. No aferrar.[131] Eros contra Tánatos: no hay

---

130. Franco Berardi «Bifo»: «Tenemos que desertar de la reproducción de la especie» (entrevista), *El País Semanal,* 9 de diciembre de 2023.

131. Decía Gabriel Ferraté (antes de suicidarse a los cincuenta años) que «los cincuenta son una edad en la que uno ya ha hecho todo lo que tenía que hacer». Así se lo contó el poeta y lingüista catalán al editor Jaime Salinas en un café de la plaza Prim de Reus, anunciándole con mucha antelación que se mataría antes de cumplir los cincuenta años. Pero la conclusión del silogismo práctico, claro, no tiene por qué ser el suicidio. Puede uno pensar que «los cincuenta son una edad en la que uno ya ha hecho todo lo que tenía que hacer» y que entonces, a partir de esa edad, toca sobre todo darse a los demás, ponerse al servicio de la comunidad

otro camino que no traicione las mejores posibilidades del ser humano. Edgar Morin sugiere una versión amorosa y terrenal del *pari* (la famosa apuesta) de Pascal: «Pascal apuesta por la fe. (…) Yo no tengo una fe religiosa, pero aposté por la fraternidad, el amor, y pensé que ése era mi camino.»[132] Y precisa: «Para mí, la moral es siempre una apuesta, porque las buenas intenciones no bastan. Con las mejores intenciones se pueden hacer las peores cosas.»[133]

La amapola es la verdad del viñedo. Y ¡qué verdad!

«Todo va a desaparecer,: / ¡pero ahora está tan vivo! // Usar el miedo a morir para amar.: / Usar el miedo a morir para saber olvidar la muerte.» (David Eloy Rodríguez)

«Lo que llamamos belleza: / del paisaje: / no pretende agradarnos, / su belleza es la fuerza con que procura ser…»[134] Dejemos a los pájaros ser pájaros. Dejemos a los árboles ser árboles. Y dejémonos ser.

«Si existe el árbol: / es claro que hay que existir» (Sohrab Sepehrí). Y aprender, aprender del ser de los árboles…

«Intentando negar que todo cambia constantemente, perdemos el sentido del carácter sagrado de la vida. Tendemos a olvidar que formamos parte del orden natural de las cosas» (Pema Chödrön).[135]

---

con todo el desapego, ecuanimidad y objetividad de que uno sea capaz…

Aquí se puede recordar también que, según cierta creencia japonesa, la vida del hombre dura cincuenta años: los que siguen son «años de más». (*Poemas japoneses a la muerte,* antología de Yoel Hoffmann, traducción de Eduardo Moga, DVD, Barcelona 2000, p. 226)

132. Edgar Morin, *Historia(s) de vida. Conversaciones con Laure Adler,* Eds. La Llave, Barcelona 2023, p. 30.

133. Morin, *Historia(s) de vida,* op. cit., p. 253.

134. José Mª Parreño, *Llanto bailable,* La Poesía, Señor Hidalgo, Barcelona 2003, p. 8.

135. En Daniela y Olivier Föllmi: *Ofrendas. 130 pensamientos de maestros*

La palabra *neka,* para las comunidades Tule o Kuna (indígenas de Panamá y Colombia), designa a la vez la casa que se habita y el universo.

«Escribir sobre música es como bailar sobre arquitectura», decía Frank Zappa. Bueno, intentaremos silbar sobre el sentido de la vida...

Desdichado el país que necesita héroes, decía Bertolt Brecht; la vida no debería ser más que vida cotidiana, puntualizaba Joan Brossa.

Las urgencias de la vida cotidiana y la lucha política no eliminan la necesidad de contemplación.

Contemplar: no tratar de dominar el mundo, comprenderlo o cambiarlo, sino dejarlo ser. Acompañar y ser acompañados.

La misma idea del sentido de la vida es religiosa, pensaba Freud. (Por eso no podemos desentendernos tan alegremente de los asuntos de la religión.)

La respuesta humanamente adecuada a la tragedia de existir es la piedad, es la compasión. Y ésta, para mucha gente, la vehiculan las espiritualidades y religiones —antes que el humanismo laico.

No hay un sentido de la existencia. ¿Sabremos vivir sin extenuarnos en la búsqueda de sentido? ¿Aceptar que «no hay redención de la condición humana, pero tampoco hay necesidad de redención» (John Gray)?

Insisto entonces: pidiendo un Beckett desde dentro.

«Vidas mal escritas: / la belleza persiste: / como un tatuaje» (Tomas Tranströmer).

---

budistas, Lunwerg, Madrid 2016, p. 34.

«Rafael Azcona confesaba con alegre iluminación que había descubierto que el único sentido de la vida era desayunar un día más. Para mucha gente ese desayuno se completa con un periódico de papel», reconoce David Trueba. Me reconozco en esa reflexión.

Las cosas más importantes de la vida humana —y no sólo humana— no son extraordinarias o grandiosas. Son los momentos en que nos sentimos tocados el uno por el otro, dirá Jack Kornfield; son las situaciones en que resonamos en conexión con el mundo, dirá Charles Taylor.

La humanidad, sugiere Leibniz, es «un tropel de gentes que caminan en confusión en medio de tinieblas».[136] ¿Nihilismo sería simplemente no creer que el universo y la vida humana tengan un sentido último predeterminado? Pues en tal caso vamos aviados…

«Nada puede ser conocido y todo puede ser destruido»: fórmula del nihilismo según Santiago Alba Rico.

La tentación de llegar a ser dioses gracias al conocimiento es demasiado fuerte. No hemos salido de la escena primigenia en el Jardín del Edén. Pero nuestra meta es convertirnos en chimpancés morales (biológicamente somos *el tercer chimpancé*, como bien nos recordaba Jared Diamond), no transformarnos en dioses extraterrestres.

¿«Terraformar» planetas en el espacio exterior? No, humanizarnos en cuanto seres humanos.

No querer viajar a Marte; no querer ser un dios; no querer no morir.[137]

---

136. Gottfried W. Leibniz, *Methodus vitae* vol. 1, Plaza y Valdés, Madrid 2015, p. 3.

137. Nadie dice que eso sea fácil. Me recuerda Marta cómo Elias Canetti tiene escrito en *La conciencia de las palabras*: «La muerte es el hecho primero y más antiguo, y casi me atrevería a decir: el único hecho. Tiene una

«El hombre es inmoderado en todo, y nada lo detiene si no es la necesidad o la incapacidad de ir más allá», advierte Montaigne (*Ensayos* III, 11).

«Para hacer el mal» —decía fray Luis de León— «cualquiera es poderoso»... Lo leo como otra formulación de un principio importante: la asimetría entre nuestro poder de destruir y el de construir (tan desequilibrada a favor del primero).

Lo que necesitamos —ay, con tanta urgencia— no es humanizar la naturaleza: es humanizarnos como seres humanos.

Sentido, sinsentido... Nos empeñamos en edificar rascacielos; en realidad sólo podemos construir cabañas. (Pero ¡qué bien puede vivirse, con un poco de suerte, en una cabaña bien construida!)

«Si la civilización hubiera quedado en manos de las mujeres, seguiríamos viviendo en chozas de paja», desdeña la teórica literaria antifeminista Camille Paglia.[138] Ah, ojalá hubiera quedado la civilización en manos de las mujeres...

¿Necesitamos heroísmo? Diría que sí, pero uno de tipo peculiar: quizá pudiéramos llamarlo *heroísmo de morral,* remitiéndonos a la alta autoridad de Ursula K. LeGuin con su «Carrier bag theory of fiction» (1986).[139] Un heroísmo de heroínas que,

---

edad monstruosa y es sempiternamente nueva. Su grado de dureza es diez, y corta también como un diamante. Tiene la gelidez absoluta del espacio cósmico: doscientos setenta y tres grados bajo cero. Tiene la fuerza del huracán, la máxima. Es el superlativo absoluto de todo. Infinita sí no es, pues cualquier camino lleva a ella. Mientras exista la muerte, toda opinión será una protesta contra ella. Mientras exista la muerte, toda luz será un fuego fatuo, pues a ella nos conduce. Mientras exista la muerte, nada hermoso será hermoso y nada bueno, bueno».

138. Camille Paglia, *Sexual Personae. Arte y decadencia desde Nefertiti a Emily Dickinson,* Valdemar, Madrid 2006, p. 77.
139. Ursula K. LeGuin, «La teoría de la bolsa de transporte de la fic-

para negarse al crimen, saber decir *no;* en cambio, sobra el de los héroes demasiado condescendientes con la violencia y la explotación. Lo que hace falta es la fuerza serena necesaria para desterrar la crueldad, para cuidar a quienes lo necesitan (es decir, todo el mundo, toda la gente humana y no humana), para rechazar las tentaciones de la dominación, para reintegrarnos en la red de la vida. Un heroísmo antiheroico. Si se quiere decir con una sola palabra: ecofeminismo.

En realidad no haría falta ninguna revolucionaria «ecología profunda» para denunciar la barbarie biocida del capitalismo: basta con un moderado deseo de supervivencia. Extremo no es el ecologismo —extremo es el capitalismo.

Vender mercancías para vender mercancías para vender mercancías... Acumular capital para acumular capital para acumular capital... En esos bucles de sinsentido se cifra la organización de la vida social bajo el capitalismo. En tal jaula seguimos encerrados.

Descolonizar —pero no sólo, ni quizá primordialmente—, los pueblos que Occidente dominó; descolonizar el propio Occidente. Liberarlo de sí mismo.

Pero descolonizar sólo puede ser un momento: no cabe quedarse ahí, en lo negativo. En positivo podemos proponer la *indigenación.*

Indigenación, nos intima el poeta Daniel Macías.[140] Sugirió Juan Ramón Jiménez que el poeta es un «indígena de la belleza».

---

ción»; una traducción en https://arquitecturacontable.wordpress. com/2021/01/14/ursula-k-leguin-teoria-bolsa-para-llevar-cosas/
140. Su intervención en el curso de la UNIA «Voces del Extremo: la poesía a través del libro, el cante y la pared» (La Rábida, 22 a 24 de julio de 2024) se titulaba: «Indigenación: cómo descubrir y revivir el credo natural o precivilizado de nuestra especie para crear una nueva relación con la comunidad y la naturaleza».

Indígena, del latín *inde* (de allí, de aquí) + *gena* (nacido de; derivado de *genere*, engendrar). ¿No somos todos indígenas hasta que nos desterramos o nos destierran? O aún más, como nos preguntan Cecilia Vicuña y James O'Hern: ¿no somos todos indígenas en la familia humana pero lo hemos olvidado?

Colonizar nos ha llevado a un desastre terminal. ¿Optamos por la vía de la *indigenación*? Un notable texto reciente de Richard Heinberg merece atenta lectura (como todos los suyos)… Se trata de una aguda reflexión sobre la policrisis de la Modernidad, algunos de cuyos párrafos quiero rescatar:

«Mientras que los tecnoutópicos prevén que la humanidad se haga cargo de la Tierra y luego se traslade a las estrellas, los críticos de la Modernidad, al contemplar el futuro de nuestra especie, son más propensos a buscar pistas en la naturaleza. Cuando una especie encuentra una nueva fuente de alimento y se multiplica, acaba alcanzando los límites de esa fuente; su población sobrepasa un nivel sostenible y se desploma. Este ciclo de extralimitación / muerte de la población es especialmente común entre las especies invasoras, que a menudo afectan negativamente a las especies autóctonas. Sin embargo, una vez que las especies invasoras han estado presentes el tiempo suficiente, suelen coadaptarse a las especies autóctonas circundantes, a veces en detrimento a largo plazo de al menos algunas de las autóctonas, a veces en detrimento de la invasora. Si los invasores son depredadores, acaban aprendiendo a capturar sólo algunas de sus presas potenciales. Si los invasores son especies de presa, aprenden nuevas estrategias de supervivencia, que pueden incluir el camuflaje.

En las sociedades humanas se han producido ciclos similares de auge y decadencia. Muchas sociedades experimentaron *épocas doradas* en las que los recursos parecían abundantes y el confort, la comodidad y el conocimiento aumentaban para una parte significativa de la población. A estas épocas doradas les siguieron *épocas oscuras* de escasez de recursos, pobreza y pérdida de la alta cultura. En la actualidad, la única diferencia es que hemos alcanzado una Edad de Oro global basada en el uso de combustibles fósiles (que nos permiten extraer recursos en mayores cantidades y trasladarlos a distancias más largas); a medida que los combustibles fósiles se agoten y las consecuencias de su combustión degraden los ecosistemas, es probable que sobrevenga una Edad Oscura global. Pero su grado de oscuridad dependerá de la voluntad y el éxito con que la humanidad se adapte a los límites.»[141]

El ecólogo, ensayista y colaborador del Post Carbon Institute sugiere entonces que quizá sea útil pensar en el proceso histórico de adaptación cultural humana a los límites medioambientales en términos ligeramente diferentes. En un pasado lejano, cuando un grupo humano concreto llegaba a una crisis de límites (normalmente alimentaria), tenía *dos opciones: indigenarse o colonizar.*

«Indigenarse significaba adaptar el tamaño de la población y el comportamiento de consumo del grupo a niveles que pudieran sostenerse con los recursos existentes. Colonizar significaba trasladarse a otro lugar, apoderarse de los recursos de otros grupos o inventar formas de acceder a recursos que antes eran inaccesibles. Sin duda, las circunstancias y la historia del grupo (y, por tanto, su mentalidad) predispusieron a cada grupo hacia una u otra estrategia. La Modernidad marca el momento histórico en que los colonizadores se han apoderado de todo el mundo. Pero, una vez hecho esto, se encuentran en un aprieto: no hay ningún otro lugar que colonizar, los recursos en manos de los pueblos indígenas ya han sido saqueados en su mayoría y los nuevos recursos sin explotar (entre los que quizá se encuentren el torio o el hidrógeno geológico) son escasos y de utilidad o accesibilidad cuestionables. La única solución real a largo plazo es que los colonizadores se indigenen.»[142]

141. Richard Heinberg, «The evolution of Modernity», *resilience,* 21 de marzo de 2025.
142. Heinberg, «The evolution of Modernity», op. cit.

Cuidado, no se trata aquí de ninguna exaltación romántica del «buen salvaje». Sospechamos que, en muchos casos, se trata más bien de haber asimilado con éxito las duras lecciones de la adaptación y la coevolución. Como señala Heinberg, «el impulso de moderar nuestras humanas ansias (hacia la codicia y la expansión hacia el exterior) surgió muchas veces de un humillante descenso previo a la escasez que se produjo por la sobreexplotación de los recursos». Durante los últimos sesenta o setenta mil años, *Homo sapiens* se dispersó por todo el planeta, encontrando ecosistemas nuevos (Australia, América, las islas del Pacífico).[143] Y aquí topamos con la tragedia de la *extinción de la megafauna*: en cada lugar desconocido que encontraban estos seres humanos, tendían a matar animales grandes que proporcionaban un alto rendimiento al esfuerzo de caza. Muchos de estos animales (como los mamuts, los mastodontes, los perezosos terrestres o tres especies de camellos) se extinguieron y la gente tuvo que recurrir a la caza de animales más pequeños cuya caza requería más trabajo. Poco a poco, los pueblos que permanecieron en un mismo lugar durante muchas generaciones aprendieron a dejar suficientes plantas y animales sin recolectar para que estas especies pudieran reproducirse y florecer. La pauta para estos pueblos de cazadores- recolectores parece ser la siguiente: gran destrucción al llegar a un ecosistema nuevo y desconocido, y adaptación posterior.

«Los antropólogos Colding y Folke, en sus estudios sobre los pueblos indígenas, descubrieron seis tipos de tabúes tribales que regulan la recolección de especies vulnerables. Se trata de «tabúes de segmento», que prohibían la recolección de un recurso a las personas de determinada edad, sexo o clase social;

---

143. Capta muy bien las enseñanzas de la expansión de los pueblos polinesios por el Pacífico Ricardo Almenar en *El fin de la expansión,* Icaria, Barcelona 2012. Hay una nueva edición actualizada de este libro excelente que aguarda editor…

«tabúes temporales», que prohibían el uso de un recurso de subsistencia durante determinados días, semanas o estaciones; los «tabúes de método», que restringen las técnicas de recolección excesivamente eficientes que pueden agotar las reservas de un recurso; los «tabúes de ciclo vital», que prohíben la recolección de una especie durante el desove o la nidificación; los «tabúes de especie específica», que protegen a una especie en todo momento; y los «tabúes de hábitat», que prohibían la explotación humana de especies en determinados arrecifes o bosques que servían de reservas o santuarios biológicos.

Los pueblos indígenas no eran automáticamente ecologistas por el mero hecho de ser premodernos. Habitaban mundos que ya habían sido sobreexplotados, con los consiguientes conflictos y privaciones. Las lecciones de moderación se ganaron a pulso y acabaron dando lugar a culturas arraigadas localmente que asumían la responsabilidad de mantener el equilibrio de la naturaleza, que hacían demandas modestas a los ecosistemas y que reciclaban todo. Algunas sociedades indígenas, como los aborígenes de la actual Australia, desarrollaron conocimientos prácticos y probados para vivir en equilibrio con un mundo más que humano que perduraron durante decenas de miles de años.»[144]

---

144. Heinberg, «The evolution of Modernity», op. cit. El autor sigue explicando: «Algunos colonizadores posteriores también alcanzaron la sabiduría ecológica tras haber devastado sus entornos. Aproximadamente en el año 500 a.C., la antigua Grecia estaba deforestada y la capa superficial de suelo fértil se había agotado en gran medida. En este contexto surgieron los filósofos estoicos y cínicos griegos, que aconsejaban una vida sencilla, pacífica y virtuosa en armonía con la naturaleza (Epicuro: «La pobreza, puesta en conformidad con la ley de la Naturaleza, es una gran riqueza»).Entre las religiones del mundo, el budismo ofrece quizá el mensaje más ecológico: otros organismos, como nosotros los humanos, están en el camino de la iluminación, así que no les hagas daño si puedes evitarlo. Practica la autocontención y refrena tus apetitos…»

En este punto piensa uno en el famoso artículo de Kenneth E. Boulding que releo cada año con mis estudiantes de tercer curso del Grado en Filosofía («The economics of the coming spaceship Earth», 1966)[145] donde se contraponen la economía del cowboy colonizador y la economía del astronauta teórico de sistemas que ha de hacerse cargo de los límites. (La metáfora encierra un grave peligro tecnocrático, claro está: no debemos fantasear con gobernar la Tierra a la manera de una nave espacial…). Quien falta en ese escenario *made in USA* es justamente el poblador originario, el indio que fue casi exterminado mientras aquella nación genocida se iba forjando en el mito de la conquista del Oeste. Esto es: no nos sirven ni la economía del cowboy ni la del astronauta: lo que de verdad necesitamos (y cuadra bien con mi perspectiva de *ecosocialismo descalzo*) es la economía del pielroja (o si se prefiere: de la indígena potawatomi).[146]

Una ecoespiritualidad es una espiritualidad de la Tierra, de la Madre Tierra: Gaia o Gea. Y por eso tiene todo el sentido volver a conversar con los pueblos y las culturas que han mantenido vivas esas cosmovisiones de una Tierra viva,[147] especialmente los pueblos originarios (pienso en mediadores como Robin Wall Kimmerer, como Ailton Krenak, como Eliane Brum, como los mamos koguis y arhuacos). Y por eso tiene todo el sentido hablar de indigenación.

Indigenarse no quiere decir hacer el indio (esto es, apropiarse, de forma más bien ridícula, de piezas de identidad ajenas),

---

145. Kenneth E. Boulding, «La economía de la futura nave espacial Tierra», *Revista de Economía Crítica* 14, segundo semestre de 2012.
146. Robin Wall Kimmerer, *Una trenza de hierba sagrada*, Capitán Swing, Madrid 2021.
147. J. Baird Callicott, *Cosmovisiones de la Tierra,* Plaza y Valdés 2015.

sino decir: soy de aquí. Terrestre. Indígena manchego, o asturiana, o andaluz, o gallega. Nacido en esta Madre Tierra, y dispuesto a defenderla. Ailton Krenak, y las demás personas sabias de los pueblos originarios, nos invitan a *parar de desarrollarnos y comenzar a involucrarnos*.[148] Involucrarnos en la red gigante y esplendorosa que constituimos todos los seres vivos; volver a ser terrestres.

Necesitamos recuperar nuestra conexión cósmica, cierto, pero eso no tiene nada que ver con las fantasías de colonizar Marte.[149] Se trata más bien de volver a experimentar nuestro cuerpo como un *sensorium* de la Tierra, como una suerte de terminal que recibe impresiones y afectos de millones de seres, y devuelve otras impresiones y otros afectos.

«Vivir es un mero porque sí», decía el Gabriel Celaya existencialista hacia 1950. Y también: «El yo es una caja de doble fondo».

¿Vivir para qué? Vivir para vivir. «Cociendo boniatos / en esta vida presente / completamente feliz» (Suzuki Masajo). Así, los textos taoístas exaltan el arte simple y gozoso de vivir pensando sólo en la vida.

La vida —pero para todos, no sólo para mí o los míos.

Sí, hay afinidad (se ha señalado a menudo) entre el taoísmo y la conciencia ecológica. Un cuentecito taoísta que recoge Alan Watts permite visualizar esa conexión:

«Un viejo cayó accidentalmente en los rápidos de un río que llevaban a una elevada y peligrosa cascada. Los testigos de la escena temieron por su vida. Milagrosamente, salió vivo e ileso del fondo de la cascada, corriente abajo. La gente le preguntó

---

148. Ailton Krenak, *La vida no es útil*, Eterna Cadencia, Buenos Aires 2023, p. 33.
149. Qué bien lo ve Ailton Krenak (*La vida no es útil*, op. cit., p. 35).

cómo se las había arreglado para sobrevivir. "Me acomodé al agua en vez de acomodar el agua a mí. Sin pensarlo, me dejé amoldar por ella. Sumergiéndome en el torbellino, me desembaracé de él. Así fue como sobreviví".»[150]

El mejor indicador sencillo de vida buena, en las metrópolis del turbocapitalismo, quizá sea poder vivir sin reloj. No desperdiciemos esas raras oportunidades cuando se ponen a nuestro alcance…

«Ni el amor sin conocimiento», sostenía Bertrand Russell, «ni el conocimiento sin amor pueden alumbrar una vida buena».

Eliot en «Miércoles de Ceniza» (1930): «Enséñadnos a quedarnos sentados, quietos». (Es el enorme asunto que abordé en *La habitación de Pascal*.)

Una sociedad donde quepamos todos y todas, naturaleza incluida (diría Franz Hinkelammert en la estela del neozapatismo).

En la Antigüedad grecorromana, la gente tenía claro que alguien que se llamase filósofo se distinguía por un modo de vida diferente; por otra manera de abordar tanto las cuestiones de la vida cotidiana como los asuntos últimos. Por desgracia, hemos perdido aquella orientación de *filosofía como forma de vida* que rescató y explicó Pierre Hadot.[151] Este pensador francés, en conexión con ello, enumeró toda una serie de ejercicios espirituales comunes entre aquellas escuelas filosóficas (de los que después se apropiaron las iglesias cristianas, transformándolos). Aquellos ejercicios filosóficos antiguos «aspiran a realizar la transformación de la visión del mundo y la metamorfosis del ser. Cuentan por lo tanto con un valor no sólo moral, sino tam-

---

150. Citado en Eric D. Schneider y Dorion Sagan, *La termodinámica de la vida,* Tusquets, Barcelona 2008, p. 166.
151. Pierre Hadot, *La filosofía como forma de vida,* Alpha Decay, Barcelona 2009. Véase también *No te olvides de vivir. Goethe y la tradición de los ejercicios espirituales,* Siruela, Madrid 2010.

bién existencial».[152] Nos toca volver a recuperar la idea de ejercicios espirituales en un sentido laico.

La lista de posibles ejercicios espirituales laicos es amplísima, pero no todos ellos resultarán adecuados para cada persona.[153] Cómo se han practicado, en el seno del Grupo Surrealista de Madrid, la deriva, los juegos, las diversas experiencias de exterioridad… O pensemos en el baile, por ejemplo, que puede ser el ejercicio espiritual por excelencia para mucha gente (léase por ejemplo la exaltación de la *rave techno* por Alba Muñoz).[154] Pero yo nunca he sido un gran bailarín. A continuación sugiero algunos ejercicios que para mí sí son importantes:

- Si yo tuviera que destacar un ejercicio espiritual entre los otros, diría: ir despacio. El ejercicio de la lentitud pone en marcha capacidades de atención y extrañamiento que uno quizá no sospechaba en sí mismo, y que nos llevan muy lejos. Así lo que dábamos por sabido se vuelve extraño: desfamiliarización de la percepción demasiado autocentrada. La lentitud, en nuestro mundo de aceleración hipertecnológica, es un viaje espiritual: todo un ejercicio para psiconautas.
- La pausa. La práctica de la detención, del hiato. Alto antes de lanzarme a una dinámica de acción-reacción (a la que somos tan propensos): tratemos de examinar los hechos (incluyendo mis propias emociones ante esos hechos) y reflexionar.

---

152. Pierre Hadot, *Ejercicios espirituales y filosofía antigua,* Siruela, Madrid 2006, p. 60.
153. Como un completo tratado de ejercicios espirituales contemporáneos centrado en la crisis ecosocial, hay que recomendar *Esperanza activa* de Joanna Macy y Chris Johnstone (eds. La Llave, Barcelona 2018). También está disponible una versión digital en castellano de *Nuestra vida como Gaia* de Macy (junto con Molly Young Brown esta vez): https://www.reconectando.org/pdf/2_nuestra_vida_como_gaia.pdf
154. Alba Muñoz, «Bailar juntos», *La Lectura,* 12 de abril de 2024.

- El microbioma en mi vientre: rememoro cómo forman parte de mi ser trillones de microorganismos (bacterias sobre todo), cómo cada ser vivo complejo es en realidad un holobionte formado a partir de múltiples equipos de bacterias exquisitamente coordinados, y por ahí recupero conciencia de ser un holobionte en un planeta simbiótico.[155]

- Si tengo suerte, puedo realizar la meditación anterior sentado en un pinar o un robledal (vivo en Cercedilla), y entonces me trasladaré del ecosistema interior que como holobionte albergo al bosque que me alberga (vivo en el bosque vivo), y de ahí a Gaia, la Madre Tierra. Cualquier biografía empieza realmente en el Big Bang, escribe Javier Puche en uno de sus incisivos aforismos: es la perspectiva adecuada. Cabe añadir: y cualquier búsqueda razonable de vivienda nos deja en Gaia.

- Vivo en el bosque vivo, leo en el bosque vivo. Comunicar con el Todo y comer bajo un árbol, nos recomienda el poeta Carlos Edmundo de Ory.[156] Pero también entrar en bosque con un libro de poemas para leer alguno de ellos, despacio, bajo el árbol dilecto...

- En efecto: leer poesía (para tratar de vivir cerca de la poesía)

---

155. Sobre esto he discurrido bastante en mi libro *Simbioética:* Homo sapiens *en el entramado de la vida* (Plaza y Valdés, Madrid 2023). Microcosmos en el macrocosmos: «Para tu comunidad microbiana –tu microbioma–, tu cuerpo es un planeta. Algunos microbios prefieren el bosque templado de tu cuero cabelludo, otros las áridas planicies de tu antebrazo y algunos el bosque tropical de tu entrepierna o axila. Tus intestinos (que si los desplegáramos ocuparían una superficie de 32 m^2), orejas, dedos de los pies, boca, ojos, piel y cada superficie, conducto y cavidad que tienes están infestados de bacterias y hongos. Llevas más microbios encima que células *propias*. Hay más bacterias en tus intestinos que estrellas en el firmamento». (Merlin Sheldrake, *La red oculta de la vida,* Planeta, Barcelona 2020, p. 23)

156. Carlos Edmundo de Ory, *Humanismo del árbol,* Athenaica, Sevilla 2023, p. 21.

es un ejercicio espiritual. Escribía yo hace años, en *Una morada en el aire* (un «diario de trabajo» que recoge anotaciones de 2002-2003)*: En un escenario bélico tan singular y omnipresente como el que estamos viviendo, tres capacidades de la poesía: acoger alteridad; nombrar lo difícil de nombrar; ayudar en la reconstrucción de la vida interior. Cuando la puerta del poema se abre, uno no sabe quién va a entrar.

- Más en general, la lectura atenta como ejercicio espiritual. «La lectura –pausada, dilatada en el tiempo– de un libro en papel se ha convertido en uno de los únicos bastiones que nos quedan para defender nuestro foco atencional de la hiperestimulación y la rapidez del entorno digital. Leer nos ayuda a reapropiarnos de nuestra atención…» (Carlos Javier González Serrano)[157]

- Caminar como ejercicio espiritual. Como apunta la artista y activista climática Marta Moreno, «no hace mucho, como especie, solíamos caminar largas distancias, y en algunos lugares todavía es una necesidad diaria. Caminar hoy en día, en nuestros contextos, es también un acto de resistencia contra la velocidad y aceleración de las sociedades capitalistas globales».[158] Y no cuesta rememorar diversos casos de una forma de caminar entrañada con espiritualidades: pensemos en las largas peregrinaciones religiosas que encontramos en casi todas las culturas… así como las formas laicas de caminar político, cual las manifestaciones. «Las marchas de los zapatistas en México, o de los Trabajadores sin Tierra en Brasil, retoman el sentido de la peregrinación para reclamar justicia.»[159]

---

157. https://twitter.com/Aspirar_al_uno/status/173103859354670331. Sobre esta importante cuestión véase Hadot, *Ejercicios espirituales y filosofía antigua,* op. cit., p. 48-58.
158. Marta Moreno, *2020- The Walk,* Centro José Guerrero / Diputación de Granada, Granada 2023, p. 23.
159. Julia Ramírez Blanco, «*The Walk:* el caminar como acto político y

- Este peñasco: un viaje en el tiempo de trescientos millones de años. Vivo en Cercedilla, en la Sierra de Guadarrama, cuyos granitos (rocas metamórficas claves en las metamorfosis de Gaia) se formaron hace unos trescientos millones de años[160] (aunque las montañas de la Sierra como tal se levantaron hace quince millones de años). Alzo en mis manos una piedra común: llega a mí a través de un impresionante viaje en el tiempo. «En las culturas tradicionales, las piedras se consideran los ancianos de la Tierra; son las guardianas de los recuerdos más antiguos y se parte en su busca para recibir su sosegado y sabio consejo».[161] Incluso si no nos tienta el neoanimismo, medir la duración de la vida humana con las de otros seres vivos, y con la perspectiva inmensa de las lentas rocas, seguramente resultará aleccionador. Escribe la poeta Ana Pérez Cañamares (también residente en este pueblo de montaña): «Cada piedra es una ofrenda del tiempo dejada a nuestros pies».[162]

- La mirada desde lo alto es uno de los ejercicios clásicos que recomienda en numerosas ocasiones Hadot, por ejemplo de la mano de Marco Aurelio: «Suponte que te encuentras de repente en las alturas y que desde ahí contemplas las cosas humanas y su variedad…»[163] Esa perspectiva desde lo alto, particularmente cuando la precede el esfuerzo físico de

---

gesto prefigurativo», en Moreno, op. cit., p. 69.

160. Los granitos se recrean bajo los márgenes continentales, cuando el calcio, el silicio y el oxígeno, junto con otros átomos, se reconfiguran en los nuevos cimientos rocosos de los continentes, compensando las pérdidas de roca por erosión y meteorización. Una Tierra con tectónica de placas es una Tierra viva que en cierta forma va rejuveneciéndose… Para esta historia fascinante véase Stephan Harding, *Tierra viviente,* Atalanta, Vilaür (Girona) 2021, p. 60-72.

161. Harding, *Tierra viviente,* op. cit., p. 33.

162. Ana Pérez Cañamares, *Los siete pareceres,* Baile del Sol, 2022, p. 13.

163. Marco Aurelio citado en Hadot, *Ejercicios espirituales y filosofía antigua,* op. cit., p. 45.

la ascensión a la montaña, nos ayuda a redimensionar los afanes y las cuitas humanas.

- Gratitud: el cuaderno de agradecimientos.[164]
- La conversación cuando, más allá del simple intercambio de opiniones o el contacto social ligero, se convierte en apertura hacia las honduras del otro y exploración de las propias grietas. Esa exploración del *entreser* por medio de la palabra compartida llega a ser un verdadero ejercicio espiritual. (En la imagen: René Magritte, «El arte de la conversación». Podría servir para portada del libro)

---

164. Un poquito más abajo voy a recordar cómo Mariana Matija propone como ejercicio espiritual tener un cuaderno de agradecimientos, y llevarlo al día. Cada día, anotar una cosa, una situación, un ser vivo u otro ser humano por quien debamos dar gracias.

- «Qué bien se está cuando se está bien», decía mi tía Enriqueta en momentos en que uno se encontraba viviendo el contento del puro existir. Esto puede vincularse con los «bienes negativos» de los que hablaba en ocasiones Schopenhauer: de manera paradigmática, salud, juventud y libertad. «Experimentamos el dolor pero no la ausencia de dolor. Sentimos el cuidado pero no la ausencia de cuidado. El temor pero no la seguridad. Experimentamos el deseo y el ansia como sentimos la sed y el hambre. Pero apenas satisfechos, todo ha concluido, como el bocado que una vez tragado deja de existir para nuestra sensación. Salud, juventud y libertad, los tres bienes mayores de la vida mientras los poseemos, (...) no los apreciamos sino después de perderlos, porque también son bienes negativos.»[165] ¿Se nos ocurren otros bienes negativos en este sentido?

- En realidad, como vamos viendo, cualquier actividad (comenzando por las más cotidianas) realizada con suficiente atención, concentrándonos en el presente, puede convertirse en un ejercicio espiritual. Servirá como consigna un verso de Miguel de Unamuno que he citado en muchas ocasiones: «Vivir al día en lo eterno».[166]

El cuerpo nos conecta físicamente con la Tierra. Sentarse junto a un riachuelo, en uno de los pinares de nuestra Sierra de Guadarrama, y dejar pasar las horas… Nada más que la conversación del bosque con las aves y el agua.

---

165. Arthur Schopenhauer: *Los dolores del mundo*, antología editada por el diario Público, Madrid 2009, p. 30.
166. He articulado algunas de estas ideas en torno a la noción de *ahí*, muy importante en mi práctica poética sobre todo a partir del poemario *Ahí te quiero ver* (Icaria, Barcelona 2005; pero escrito a partir de 2000). Véase también *Ahí es nada (nuevos ensayos sobre el mundo y la poesía y el mundo)* (El Gallo de Oro, Bilbao 2014).

Los ríos y los árboles son la generosidad de la Tierra. ¿Cómo respondemos nosotros?

No somos islas: somos archipiélagos, constelaciones, repúblicas; somos holobiontes. Holobiontes que forman parte del Gran Holobionte: la Tierra viva.

Y la práctica de ejercicios espirituales ¿no habría que considerarla un lujo para privilegiados? Sí y no: depende. Al igual que en otros asuntos humanos, más que en el *qué* la cuestión está en el *cómo*. Pierre Hadot se lo plantea así: «La vida filosófica no consiste sólo en la palabra y la escritura, sino en la acción comunitaria y social. Así lo creían ya Epicteto y Marco Aurelio. También desde esta perspectiva del actuar hay que comprender la máxima goetheana que hemos dado como título a este libro: *No te olvides de vivir,* queriendo resumir así el extraordinario amor a la vida que se puede observar en Goethe».[167]

En qué otro país que España hay gente que presta atención a eso que se llama el duende —pregunta la artista Eva Lootz—. Pero ¿de verdad seguimos atendiendo al duende, buscándolo, cuidándolo y también defendiéndonos de él?

«No soy: / más que el destello de un faro. Bien lo sé: arder, / ése, y no otro, es mi significado» (Eugenio Montale). Y uno diría: más «la luz de una candela» (José Jiménez Lozano) que el destello del faro.

«Todas las mañanas hay que hacer un ejercicio de higiene espiritual y decirse a sí mismo que no. Que sí, pero no… De lo contrario terminamos embalsamando pavorreales.» (Guadalupe Grande).

La cuestión de la *atención.* Según los datos de Google (¿y

---

167. Pierre Hadot, *No te olvides de vivir. Goethe y la tradición de los ejercicios espirituales*, Siruela, Madrid 2010, p. 144.

quién sabrá de datos más que esta megaempresa del jodido Silicon Valley?), la «generación Z», que sería más o menos la de mis estudiantes universitarios de Grado (quienes tienen hoy entre 18 y 24 años), presta atención a lo que sucede en una pantalla durante un promedio de ocho segundos. «A los jóvenes tienes que sorprenderlos con un escenario visual como en *Euphoria* o *Barbie*», declara Ron Leshem, el creador de la serie israelí *Euphoria*.[168] Pero no es una cuestión de juventud: la masacre de nuestra capacidad de atención que está perpetrando la «economía de la atención» de Silicon Valley es perfectamente transgeneracional.

La cuestión de la *alienación*. «Siempre se llega virgen al dolor de la vida», escribió Marguerite Yourcenar (la traducción nos da un alejandrino perfecto). Con ese dolor de la condición humana tenemos que hacer algo. Y no es fácil trabajar ese dolor sin perdernos rápidamente en el empeño: sin entregarnos a alguna forma de enajenación.

Experiencias de una amiga poeta en su trabajo como comunicadora política en La Moncloa: se la obliga a *rebajar el nivel de los textos* hasta un extremo que supone, para una escritora, un auténtico desaprendizaje (por ejemplo, prohibido un adjetivo como «halagüeño» por demasiado culto).

Tirar de nosotros hacia arriba o hacia abajo; cultivarnos o embrutecernos… Pero está claro lo que desean para nosotros los poderes de este mundo. «¡Qué difícil es / cuando todo baja / no bajar también!»[169]

Aprender a ver los musgos se parece más a escuchar que a mirar, nos dice Robin Wall Kimmerer (en su hermoso libro *Reserva de musgo*).[170] ¿Seremos capaces de esa clase de atención? «Los musgos poseen sus propios nombres» (p. 19): existen

---

168. Natalia Marcos, «La televisión que sí ve la generación Z»,
169. Antonio Machado, *Los complementarios,* CLXXVII.
170. Capitán Swing, Madrid 2023, p. 25.

por sí mismos, no para nosotros; son valiosos en los ecosistemas de la Tierra, no porque nos resulten útiles.

Más de 22.000 formas de ser musgo (nos enseña la brióloga Robin Wall Kimmerer). Tantísimas formas también de ser humano, tan valiosas la mayoría de ellas... Y lo que prevalezca ¿va a ser el *Homo sapiens* de aparcamiento, centro comercial, *smartphone* y Netflix? Qué tragedia.

«La reflexión vinculada con la forma en que ha de vivirse implica un uso más básico y urgente del intelecto humano que el del descubrimiento de cualquier tipo de hecho» (Mary Midgley).[171] La definición más breve de la ética quizá sea: arte de convivir.

Ethos —me recuerda Tomás Pollán en el pasillo de la Facultad—, en Hesíodo, significa de entrada «guarida» (la del calamar). La ética puede funcionar como despiste y añagaza (Cornelius Castoriadis advertía frente a la ética como encubrimiento). En fin: tinta de calamar...

«Oponer al egoísmo un contrincante a su altura es el problema de toda ética», manifestaba Schopenhauer en una conversación en 1840. Como se sabe, él, actualizando el mensaje de Buda y Jesús de Nazaret, nombró certeramente a ese contrincante: compasión.

¿De qué sirve el amor por la verdad si estamos privados de compasión?

Lo espiritual se refiere a nuestra relación con algo mucho más grande y perdurable que nosotros, que nos engloba, a lo que pertenecemos. El teísmo lo llama Dios; alternativas laicas más plausibles que un Dios personal son la Gaia de Carlos de Castro, a la que me he referido ya páginas atrás, o el *mundo común* de Corine Pelluchon.

---

171. Citada en Peter Watson, *La Edad de la Nada,* Crítica, Barcelona 2014, p. 9.

«Lo que hace especial a la *ética de la consideración* es que vincula la ética a un plano que puede denominarse espiritual porque está ligado a lo inconmensurable. Sin embargo, esto último no es Dios, como en *De consideratione*, de Bernardo de Claraval, sino el mundo común. Cuando nazco, me acoge un mundo más grande y antiguo que yo; compuesto por todas las generaciones y el patrimonio natural y cultural, este mundo compartido es trascendencia en la inmanencia. Da a nuestra existencia un sentido que nos sobrepasa: vivimos para nosotros mismos, pero nuestras elecciones también tienen un valor que depende del hecho de que contribuyen a preservar el mundo común.

La consideración significa tener el mundo común como horizonte de nuestros pensamientos y acciones. En ella se funden las tres dimensiones del vivir: *vivir de, vivir con y vivir para.* Definida por la *transdescendencia*, no es un ascenso hacia el más allá (*transascendencia*), sino un movimiento de descenso al interior de uno mismo que amplía la subjetividad: al profundizar en el conocimiento de uno mismo como ser engendrado, vulnerable y mortal, la conciencia de su pertenencia al mundo común se convierte en una evidencia que cambia su relación consigo mismo, con los demás y con el mundo. Surgen nuevas aspiraciones, como el deseo de transmitir un mundo habitable, y afectos como la gratitud y la compasión.»[172]

Hay un mundo dado. Y debería ser un mundo común: pero para eso hemos de ser capaces de insertarnos en él. No tanto apropiarnos de él como volvernos parte del mismo.

Puede que el *positive thinking,* como sostienen los gurús de la autoayuda, alargue nuestra vida y nos ayude a lograr nuestras metas; pero también infantiliza a nuestras sociedades hasta tal punto que hace difícil la continuidad de la vida digna (quizá la

---

172. Corine Pelluchon, «¿Cómo vivir sin ser depredadores? La ética de la consideración empieza por el aire que respiro», *El País / Ideas,* 25 de febrero de 2024;

vida a secas) en el planeta Tierra. Una cosa es impedir que la verdad nos agríe el carácter, y otra distinta autoengañarnos, ¿verdad? Lo segundo no es condición necesaria para lo primero.

¿Cómo podemos vivir tan engañados? La respuesta breve es: nos engañan, y nos engañamos a nosotros mismos[173] –hasta que al final el engaño-con-autoengaño se convierte en un modo de vida. Emprender otro camino resultaría tan cansado… (El *Zhuangzi*, importante texto taoísta escrito en China en el siglo IV AEC, proporciona vigorosas imágenes de nuestro extravío. En lo tocante al Dao o Tao —vale decir, la comprensión de nuestro lugar en el cosmos— somos como mosquitos encerrados en una tinaja… Si nos abren la tapa, ¿nos atreveremos a volar fuera?)

El pesimismo es la única perspectiva razonable si nos negamos al autoengaño y miramos de frente las duras realidades de la condición humana, así como la situación sociocultural y económico-ecológica de nuestro mundo. Pero no debe desembocar en resignación o inacción… Belén Gopegui considera que hay que dar también las batallas que sabemos están perdidas, porque es la única posibilidad de que dejen quizá de estar perdidas.[174] Pesimismo activo, *esperanza sin optimismo* (Terry Eagleton), esperanza contrafáctica.[175]

---

173. La ventaja competitiva de *Homo sapiens* frente a muchas otras especies (incluyendo a otras variedades de ser humano como los neandertales y los denisovanos), ¿sería que nos autoengañamos más y mejor que los demás? Es la teoría fascinante que han desarrollado Danny Brower (muerto prematuramente) y Ajit Varki desde comienzos del siglo XXI, plasmada en un libro como *Denial: Self-Deception, False Beliefs and the Origins of the Human Mind* (2013). Hay muchísimos materiales en el blog de Rob Mielcarski, *Un-denial* (que habría que traducir como des-denegación). Intuyo que aquí puede haber un tema de trabajo para mí durante bastantes años…
174. Encuentro con Belén Gopegui («Literatura, democracia, poder»), Sala de Juntas del Decanato de la Facultad de Filosofía y Letras de la UAM, 6 de marzo de 2024.
175. Jorge Riechmann, «Esperanza contrafáctica. Pidiendo un Leopardi

Ayer tarde un periodista me preguntaba por enésima vez: «¿Hay esperanza?» Hubiera debido responder: si logramos (en tiempo récord) arrancarnos del rostro la máscara de hierro del capital y las gafas del metaverso de Zuckerberg, si recordamos que patriarcado y propiedad privada son creaciones históricas, si consideramos que formamos parte de la red de la vida en el tercer planeta del Sistema solar (un nosotros que incluye desde la pulga de agua al Papa de Roma), si asumimos que hemos de vivir no como primates de treinta (o setenta) toneladas intoxicados de combustibles fósiles sino como animales dignos (y amorosos y lúcidos) con responsabilidades especiales, y todo eso masivamente y de hoy para mañana, entonces sí, hay esperanza.

Esperanza sin optimismo (Terry Eagleton) y alegría sin autoengaño.

Ya no hay tiempo (para evitar escenarios infernales en la Tierra) es una de las constataciones más desesperanzadoras que cabe hacer. Es capaz de sumirnos en una depresión profunda. La tentación de denegar es fortísima…

Tengo 62 años. ¿Puedo, razonablemente, decirme a mí mismo: me queda por delante medio siglo de vida feliz y productiva? Sería una completa necedad: sé que, con suerte, quizá cuente con dos o tres lustros. Pero, en primer lugar, aspirar a ese medio siglo es justamente a lo que nos incita la cultura dominante en el Norte global (con la punta de lanza de los millonarios que invierten buena parte de su fortuna en investigaciones para tratar de vencer el envejecimiento y la muerte). Y, en segundo lugar, ese engañarse con medio siglo (en el plano individual) es justo lo que hacemos, en el plano colectivo, cuando fantaseamos con tiempos largos para una hipotética transición

---

desde dentro», capítulo 7 de *¿Vivir como buenos huérfanos?*, Catarata, Madrid 2017.

energética (o ecosocial en el mejor de los casos) capaz de evitar los colapsos que vienen.

Necesitaríamos cambio sistémico en tiempo récord. ¿Dónde está ese sujeto revolucionario? Ésa es para mí la cuestión clave (y tiendo a responder: por desgracia, no está ni dispondremos de tiempo suficiente para construirlo).

Cuando nos percatamos de que ya no hay tiempo, y no obstante no renunciamos a intentar actuar para evitar lo peor de lo peor, ¿qué hacer? Se abren dos grandes opciones: (a) Hacer como si hubiese tiempo, razonando a partir de la incertidumbre: no tenemos bola de cristal, puede haber más margen de acción del que percibimos, etc. (En mi opinión, por aquí se llega rápidamente a la *ilusión de solución*). (b) Actuar fuera del tiempo, lo que en la práctica quiere decir: dejar de pensar (al menos parcialmente) en términos de eficacia y hacer lo que se debe porque debemos hacerlo, no porque confiemos en que se logrará el éxito.[176]

Esto último es acción moral (ésa que los pragmáticos suelen menospreciar, no pocas veces con retintín despectivo, y añadiendo a continuación alguna severa advertencia contra el moralismo) no sólo en el sentido de una ética (no demasiado) consecuencialista, sino también en el sentido amplio de *mos, mores*: por ejemplo, en una cultura que valora el coraje guerrero (como

---

176. Esto tiene algo que ver con la sugerencia de Marina Garcés, cuando propone «hablar en presente y no en futuro. Cuando los jóvenes, y los que ya no lo somos, nos situamos sólo como espectadores del futuro, nada más se ven amenazas, toda clase de peligros y catástrofes. Vemos una distancia insalvable entre nuestro presente y unos futuros más o menos deseables. Pero quizá el futuro no existe, visto de esa manera, sino que lo que existe es nuestra capacidad de vincularnos y de comprometernos con el presente, con el tiempo que compartimos». Marina Garcés: «No és veritat que no puguem fer res» (entrevista), *vilaweb,* 19 de noviembre de 2023; https://www.vilaweb.cat/noticies/marina-garces-no-es-veritat-que-no-podem-fer-res/

la del apache Gerónimo), pelear con valor es nada más que lo que toca hacer, lo que tu comunidad espera de ti como la persona decente (no el héroe) que eres. En una cultura que valora el cuidado de los cuerpos vulnerables, *mutatis mutandis*…

Una de nuestras estudiantes del máster en Humanidades ecológicas MHESTE lo expresa con fuerza conmovedora: «Siempre he pensado que en la preparación integral para un posible colapso están también las acciones y herramientas para la transición ecosocial que necesitamos y para evitar las peores consecuencias de la crisis climática, ecosistémica y ecosocial. Pensando en que esa preparación incluya, entre otros componentes como el activismo, vivir como siempre debimos haber vivido para evitar que un colapso y una posible extinción masiva llegara en primer lugar.

Creo que en este punto todos saben que yo no creo que como civilización alcancemos a estar a la altura de la ocasión que la vida representa y no vamos a poder parar la sexta extinción masiva, si es que lo intentamos de verdad. Aun así, con eso en mente, siento que la lucha debe ser la misma. Sea cual sea el desenlace, tenemos un presente que atender. Y este presente requiere de todo nuestro esfuerzo para minimizar, en lo que más podamos, el sufrimiento de todos los seres vivos que necesitan nuestra ayuda, humanos y más que humanos. Este presente necesita que retrasemos lo que más podamos el calentamiento del planeta y la conservación de la mayor cantidad de ecosistemas, recursos y biodiversidad que nos sea posible. El resultado final no debe hacernos retroceder ni un centímetro de lucha. Todo lo contrario.

Así no parezca por las palabras que escribo, esta maestría me ha dado esperanza. No soy muy amiga de esa palabra porque siento que la gente la usa para no hacer nada, pero me he estado reconciliando un poco con ella. Y esta maestría me ha dado esperanza, no en los resultados, que no me importan mucho ya, sino en la gente y en el poder de la comunidad.

Pase lo que pase, nos va a quedar el proceso mágico y maravilloso de intentar, con todos los aprendizajes, el amor, la furia y la fuerza, hacer JUNTES todo lo que estaba en nuestras manos. Y no imagino una vida más digna que ésa en nuestro tiempo.»[177]

Actuar «fuera del tiempo» tiene además, allende la dimensión moral, una enorme ventaja: permite conectar directamente con las eco-espiritualidades, así tengan base religiosa confesional u otras más laicas. Y esto es importantísimo en un tiempo tan sombrío, tan inductor de desesperanza, como el que vamos a vivir. No me cansaré de recomendar *Esperanza activa*, el libro de la teórica de sistemas y practicante budista Joanna Macy (junto con Chris Johnstone).

Eduardo Viveiros de Castro explica, en *¿Hay mundo por venir?* (ese gran libro que ha escrito con Déborah Danowski), cómo el fin del mundo ya sucedió para los amerindios hace cinco siglos. Hay que insistir sobre el caso de los mayas: su fin del mundo (colapso ecosocial) antes de la llegada de los españoles, que narra y analiza Jared Diamond; el encuentro genocida con estos invasores; y no obstante «continúan existiendo, su población aumenta, su mundo resiste, disminuido pero irredento»;[178] y finalmente el alzamiento neozapatista desde 1994 hasta hoy, sin duda una de las lumbres más claras en nuestro presente sombrío.

¿Necesitamos esperanza? Eliane Brum, desde ese centro del mundo que es la Amazonia, cree que «tanto la esperanza como la desesperanza son un lujo que no nos podemos per-

---

177. Salomé de la Espriella, comunicación personal, 2 de marzo de 2024.
178. Déborah Danowski y Eduardo Viveiros de Castro, *¿Hay mundo por venir? Ensayo sobre los miedos y los fines*, Caja Negra, Buenos Aires 2019, p. 194.

mitir. Con nuestro planeta sobrecalentándose, no hay tiempo para lamentaciones ni para la melancolía. Tenemos que movernos, incluso sin esperanza».[179] ¿Tiene esperanzas?, preguntan en una entrevista a Karen Nussbaum, sindicalista estadounidense. Y ella contesta, muy kantianamente: «Eso es irrelevante. Soy una persona muy positiva, y hay que hacer lo que hay que hacer. Tengo una nieta de cinco años que hace poco estaba practicando el abecedario con su madre. Mi hija le preguntó qué quería escribir. Lo que escribió fue «La abuela se cayó en un bache». Era cierto: seis meses antes, yo le había contado que había estado montando en bicicleta aquí en Washington DC, me había caído por un bache en la calzada y me había roto un dedo. Cuando mi hija me contó la historia, pensé que ése podría ser mi epitafio. Voy montada en mi bicicleta, pedaleando y, de repente, aparece el neoliberalismo. Un bache. Vuelvo a subirme a la bici y sigo pedaleando, y entonces, pum, ocurre el 11-S y todo se paraliza. Pero vuelvo a subirme y a seguir el camino, porque creo que es nuestra obligación. Al final, es una suerte poder vivir nuestras vidas con un propósito.»[180]

---

179. Eliane Brum, *La Amazonia. Centro del mundo,* Salamandra, Barcelona 2024, p. 244. Todo este capítulo ("La esperanza está sobrevalorada") de ese libro extraordinario merece lectura atenta. «La esperanza entraña un riesgo. La vida no será más fácil en los próximos años y décadas. Necesitamos generaciones fuertes. Tenemos que volvernos mejores de lo que somos y hacer cosas que no sabemos hacer, porque lo que sabemos ya no es suficiente. En este contexto, si la esperanza es un requisito previo para la acción, puede que en algún momento no esté disponible, ni siquiera para los seguidores de religiones fundadas sobre ella. ¿Qué quedaría entonces? ¿El suicidio colectivo?» (p. 247)
180. Karen Nussbaum, «En los 60, la lucha por los derechos civiles eliminó un elemento clave: el de clase» (entrevista), *ctxt,* 24 de febrero de 2024; https://ctxt.es/es/20240201/Politica/45643/karen-nussbaum-9to5-sindicalismo-feminismo-estados-unidos.htm

En su impresionante *Amazonia*, Eliane Brum evoca a dos grandes intelectuales palestinos: el ensayista Edward Said y el poeta Mahmud Darwish: «Si me muero antes que tú, dejo como legado lo imposible», dice el primero. Y Darwish pregunta: «¿Está muy lejos lo imposible?». Y la voz de Said responde: «A una generación de distancia». Es casi Kafka: «Hay mucha esperanza, una esperanza infinita, pero no para nosotros». Brum comenta: «Creo que lo imposible es la condición a la que se enfrenta esta generación ahora mismo. Pienso que, ante lo imposible, debemos crear una nueva experiencia de ser persona, hacer algo que nunca hemos hecho, arriesgarnos a ser lo que no conocemos.»[181]

No deberíamos convalidar ninguna clase de optimismo que se base en la ceguera voluntaria. La esperanza es otra cosa: asunción de la tragedia, resistencia y autoconstrucción. Nada de esperanza-ficción: sino asumir lo que somos, dónde estamos y qué depende de nosotros (y qué no). Lo mismo que nos dirían los sabios de todos los tiempos y todas las culturas…

Hay dos importantes fenómenos psicológicos a los que no prestamos demasiada atención como causas coadyuvantes de nuestro desastre ecológico capitalista (más importantes que la manida codicia o el ansia consumista, por ejemplo): me refiero, en primer lugar, a las *shifting baselines* (líneas de referencia que se desplazan), que nos hacen ignorar lo perdido y acostumbrarnos a lo inaceptable. Y, en segundo lugar, al miedo a distanciarnos del grupo, ya codificado en nuestra mierda de sociedad digital como FOMO (*Fear of Missing Out*).

Vivimos en sociedades anestesiadas a través de promesas de

---

181. Eliane Brum, *Amazonia. Viaje al centro del mundo,* Salamandra, Barcelona 2024, p. 252.

felicidad gracias al consumo de mercancías, y al mismo tiempo sociedades profundamente desgarradas, desorientadas e infelices... Fijémonos en dos datos: desde comienzos del siglo XXI, en España se ha triplicado el consumo de antidepresivos por habitante y se ha duplicado el de ansiolíticos, hipnóticos y sedantes (según datos de la OCDE).[182] Y, por otra parte, el 44% de los y las trabajadoras dicen estar estresadas, una cifra inédita hasta ahora (encuesta Gallup sobre el empleo publicada en 2023).[183]

¿Qué nos dice el poeta Carl Sandburg sobre la felicidad? «Pedí a los profesores que enseñan el sentido de la vida que me dijeran qué es la felicidad.: / Fui a ver a los afamados ejecutivos que comandan el trabajo de miles de hombres. / Todos menearon la cabeza y me sonrieron como si yo tratase de engatusarlos.: / Y un domingo por la tarde fui a pasear por la orilla del río Desplaines.: / Y vi a un grupo de húngaros bajo los árboles, con sus mujeres y sus hijos, un barril de cerveza y un acordeón.»[184]

Es algo muy similar a lo que me transmitía Jazmina Fuentes en Cuenca: la plenitud hallada en el cantar en grupo, tocando instrumentos tradicionales del mundo rural castellano (como la pandereta) o improvisados (la música de una cuchara de madera).

Si convives con un perro o un gato, tienes siempre a tu lado a un maestro que puede enseñarte casi todo lo que necesitas saber sobre felicidad. (Qué bien ilustran sobre eso sendos libros de Mark Rowlands, *El filósofo y el lobo,* y John Gray, con su *Filosofía felina.*)[185]

---

182. Pablo Linde, «Sanidad quiere poner cerco al exceso en el consumo de tranquilizantes», *El País,* 9 de mayo de 2024.
183. Enrique Alpañés, «La era del gran agotamiento laboral», *El País,* 28 de mayo de 2024.
184. Carl Sandburg, *Poemas de Chicago,* La Poesía, Señor Hidalgo, Barcelona 2003, p. 47.
185. He reflexionado sobre estas cuestiones en *¿Cómo vivir? Acerca de la*

¿Cómo valorar lo invalorable? Aristóteles apuntó en la dirección correcta: sólo mediante el don (*Ética a Nicómaco*, 1164b). En un diálogo a través de los siglos, Robin Wall Kimmerer completaría: «Cuando el mundo entero es una mercancía, el ser humano termina sumido en la pobreza. Cuando es un obsequio, en constante movimiento, nos hacemos ricos».[186]

«Quien no borra lo que le deben sus deudas», sabía Antonio Porchia, «borra su alma».

«Di las gracias a la paloma por ser paloma / y al mar por su astucia y su belleza» (Carlos Edmundo de Ory). O estos tres versos del poeta italiano Mario Luzi: «Sea gracia estar aquí, en medio de la vida, / en la obra del mundo. Que sea así.»[187] Frente a la vida, enseñaba Epicuro, el sabio sólo tendrá gratitud. Si comes el fruto de un árbol alto, nos dice un proverbio bariba (de Benín), no te olvides de darle las gracias al viento.[188]

¿Hay que dar gracias a la silla que nos permite sentarnos? Sí, hay que dar gracias a la silla que nos permite sentarnos.

Mariana Matija propone un ejercicio espiritual que puede ayudarnos a todos en la búsqueda de una vida buena: tener un cuaderno de agradecimientos, y llevarlo al día. Cada día, anotar una cosa, una situación, un ser vivo u otro ser humano por quien debamos dar gracias.

Beatriz Ogando evoca otra variante: la hucha de gratitud. En una familia, por ejemplo, cada persona escribe en un papelito cada día un agradecimiento por alguna cosa que ha ocurrido;

---

vida buena, Catarata, Madrid 2011.

186. Robin Wall Kimmerer, *Una trenza de hierba sagrada,* Capitán Swing, Madrid 2020, p. 45.

187. *Desde el fondo de los campos,* Fundación Ortega Muñoz, Badajoz 2010, p. 83.

188. Daniela y Olivier Föllmi, *Orígenes. 130 pensamientos de maestros africanos,* Lunwerg, Madrid 2016, p. 236.

luego, una vez a la semana, se abre la hucha y se va leyendo en voz alta todo ese caudal de gratitud.

No esperes a que esté muerta, o muerto, para decirle lo mucho que le quieres. No esperes a que sólo queden pecios, restos y ruinas para agradecer la integridad y la belleza del mundo. No dejes pasar un día sin cerciorarte de la maravilla de existir.

Cuando yo era adolescente, iba a menudo al cine «de arte y ensayo» (es un decir) con un amigo de mi edad, compañero de colegio: Javier Martín Arrillaga, precoz pintor, músico y explorador cultural. En las sesiones de Filmoteca o Cinestudio Griffith (tantas tardes en la Plaza de San Pol de Mar, donde estuvo el Griffith de 1977 a 1982), jugábamos a un juego. Viendo aquellas películas norteamericanas de los cincuenta (por ejemplo, ciclos de melodramas de Douglas Sirk), estábamos atentos a cuándo iba a surgir una frase casi infaltable en el guion: «Tienes que afrontar la realidad». Nos regocijaba cuando aparecía: como quien dice, hacíamos otra muesca en la pared.

Ahí estamos nosotros hoy: diciendo a nuestros conciudadanos/as que tienen que afrontar la realidad, sin el menor éxito. ¡Recuerda que hay límites biofísicos! ¡Recuerda que la entropía existe! ¡Recuerda que el planeta es finito! Pero éste es el *memento mori* que nadie desea escuchar…[189]

---

189. En alguna ocasión lo he dicho así (discúlpese la autocita):

Las realidades más básicas de nuestro mundo son: que la biosfera es finita, y sus capacidades regenerativas y asimiladoras tienen límites; que la entropía existe; que los seres humanos –como los demás seres vivos– somos frágiles y hemos de morir. En cambio, en la cultura dominante todo sucede como si no existiesen los límites ecológicos, la degradación entrópica ni la finitud humana.

Vivir de espaldas a la realidad se paga: en sufrimiento y destrucción. Karl Löwith sabía, y José Jiménez Lozano nos recuerda, que la comprensión de la *fragilidad constitutiva del ser humano* está en la base de lo que podemos llamar convivencia civilizada. Para saber eso y sentir eso,

«Cada vez queda menos margen para mantenerse al margen», leemos en uno de los dibujos de El Roto. O, como diría Terry Eagleton: tú puedes olvidarte del sistema, pero el sistema no va a olvidarse de ti.

La sabiduría de disfrutar de las pequeñas cosas y ser artistas de nuestra vida cotidiana... La necesitamos —la necesitamos imperiosamente—, pero ¿por qué no basta? Porque vivimos en el mundo de las armas atómicas, el cambio climático, la violencia patriarcal, la dominación neocolonial. Puedes tratar de olvidarte del sistema, pero éste no va a olvidarse de ti.

La respuesta mejor a la bulimia del Imperio de la Mercancía no es la anorexia, sino la reconstrucción de nuestra capacidad de discernir. «Yo soy solamente si tú eres» (Desmond Tutu)... Ese *tú* incluye a la naturaleza, a los demás seres vivos, a Gaia. Interdependientes y ecodependientes.

Despotricar del «capitalismo salvaje» es fácil; cambiar de forma de vida no lo es. Lo que hace falta no es indignación, sino comprensión, acción y compromiso constante en el tiempo.

¿Mi *ecosocialismo descalzo* sería literatura utópica?[190] Bueno, si consideramos que la *realpolitik* de hoy consiste en mezclar diversas dosis de genocidio, ecocidio y antropocidio, quizá prestar algo de atención a la Isla de Utopía siga teniendo sentido...

Por todo ello, en los últimos años he hablado muchas veces de una *política de lo imposible*. Y mi ex alumna y amiga Irene Gómez-Olano puntualiza: «A los que creemos en un horizonte de transformación radical y en terminar con la devastación am-

---

hay que situarse en las antípodas de esas cumbres demiúrgicas donde se extravían tantos de nuestros contemporáneos. (José Jiménez Lozano, *La luz de una candela,* Anthropos 1996, p. 18)

190. Jorge Riechmann, *Ecosocialismo descalzo. Tentativas* (junto con Adrián Almazán, Carmen Madorrán y Emilio Santiago Muiño), Icaria, Barcelona 2018.

biental nos llaman utópicos; ¿acaso no es más utópico pensar que todo puede continuar tal y como está ahora? (…) La mayor acción individual que cabe es organizarse colectivamente».[191]

Yo también soy reformista. Es cierto que los grandes vuelos utópicos pueden acabar en castañazo social: es tanta la complejidad de los sistemas humanos insertos en los sistemas naturales, son tan sinuosas las anfractuosidades de la conciencia y el deseo… ¡Seamos prudentes! Ahí tenemos por ejemplo el enfoque de *sir* Karl Popper, quien abogaba por la *piecemeal social engineering,* es decir: ingeniería social pero a cachitos. ¡Seamos conservadores! Reformas de pequeña escala, incrementales, y modificadas continuamente a la luz de la experiencia que se va ganando. Sólo pongo una condición: que la propiedad privada no sea un obstáculo. Si la búsqueda del bien común hace barruntar primero, y lograr una pasable certidumbre después, acerca de que nuestra sociedad necesita una pequeña socialización de la banca por aquí, un leve abandono de los combustibles fósiles por allá, que los intereses privados de algunos magnates no cierren el camino. Ah, pero ¡cómo! ¡Me dice usted que eso es del todo impensable, que el derecho a la propiedad es intangible, casi diríamos sagrado! Ajá… Parece entonces que, en cierta forma, don Carlos Popper no era menos utópico que el señor Lenin.

La idea de un progreso lineal ascendente de la humanidad ha entrado en crisis irreversible, dicen los confiados postmodernos… pero ahí tenemos a Silicon Valley vendiendo con éxito la idea de un progreso exponencial de la tecnología, que nos transformaría en dioses transhumanos.

---

191. Irene Gómez-Olano: «No podemos esperar a que las soluciones al problema medioambiental vengan de manos de los culpables» (entrevista), *El Generacional,* 10 de mayo de 2024; https://elgeneracionalpost.com/ cultura/literatura/2024/0510/147312/crisis-climatica-irene-gomez-olano.html

En efecto, la fantasía básica de nuestra época es que el crecimiento exponencial de las tecnologías digitales sobrecompensará el descenso energético y los demás límites biofísicos... Y es pura fantasía —pese a que el orden existente se apoya en ella.

Mientras el barco se hundía, la orquesta del Titanic acometía con brío grandiosos himnos transhumanistas.

SAPERE AUDE, hoy, es sobre todo una invitación a despertar del sueño unilateral de la razón tecnocientífica. Recordemos a Hilary Putnam y su defensa de la necesidad de una Tercera Ilustración.

Seguir fantaseando con «terraformar» Marte mientras devastamos la Tierra... ¿Cuesta tanto reconocer que es demencia —aunque lo avale la cultura dominante?

No es tiempo de ceder a las fantasías de «terraformar» Marte, sino de construir Arcas de Noé.

¿Cuál es la tarea del *anthropos* en la Tierra? La cultura dominante responde: convertirnos en dioses extraterrestres.[192] Nosotros respondemos: llegar a ser chimpancés morales.

---

192. La presión en ese sentido –transhumanos y extraterrestres- es brutal... Sólo un botón de muestra: en 2016, *National Geographic* emprende la mayor producción jamás hecha por el canal, una serie de seis episodios para mostrar qué condiciones esperan a los supuestos futuros colonizadores del planeta Marte (en 2033) y las posibilidades de que su misión tenga éxito. «Año 2033. La nave espacial Daedalus aterriza en Marte con seis astronautas a bordo. Su misión: instalar la primera colonia permanente en el planeta rojo en la ciudad de Olympus. Una futurista aventura que será relatada por el canal National Geographic en un documental, que se estrenará en otoño [de 2016]. En él se mezclarán escenas de ficción que recrean la vida de los astronautas en Marte con explicaciones de conocidos científicos sobre la posibilidades reales de llevar a cabo una misión similar...» EFE, «National Geographic «llevará» la primera colonia humana a Marte», *La Voz de Galicia*, 16 de junio de 2016; http://www.lavozdegalicia.es/noticia/television/2016/06/16/national-geographic-llevara-primera-colonia-humana-marte/0003_201606G16P65991.htm

Pero ¿hay hoy *valores europeos* más allá del culto al dinero, machacarse en el gimnasio y los gadgets digitales?[193]

---

193. A modo de contraste: http://www.elmundo.es/internacional/2015/1 2/09/566712ece2704eb21f8b457a.html

Escribe Andrea Rizzi sobre «La bajeza de Occidente»: «La lista, dolorosamente larga, no deja de crecer. Es el cúmulo de actuaciones ilegales, indignantes, reprobables o de muy dudosa moralidad de Occidente. Washington, líder de ese espacio y principal potencia mundial, destaca en cuanto a responsabilidades, pero Europa no está ni mucho menos exenta de ellas. Observemos una selección de las últimas tres décadas.

El genocidio de Srebrenica, símbolo de la terrible inacción europea en las masacres de los Balcanes.

Guantánamo, Abu Ghraib, el programa de vigilancia masiva sin autorización judicial Viento Estelar y los vuelos de la vergüenza de la CIA, emblemas de la abdicación de EE UU al Estado de derecho y los derechos humanos, con cooperación de algunos países europeos que facilitaron tránsito y centros operativos a la agencia estadounidense.

La invasión de Irak, atropello del derecho internacional fundado en mentiras descaradas, capitaneada por EE UU, pero de nuevo con connivencias europeas, como las del Reino Unido, España y Portugal.

La Libia primero intervenida y luego abandonada al desastre.

La Siria directamente abandonada al desastre.

El egoísmo en la distribución de las vacunas en la pandemia: EE UU, sin exportarlas; los europeos, exportándolas, pero boicoteando la liberación de patentes.

La anuencia, durante décadas, a la ilegal e injustificada ocupación israelí de territorios palestinos con todos los abusos a ella vinculados. Y, en el caso de EE UU, el continuado suministro de munición a una respuesta bélica con toda probabilidad criminal, y sin duda alguna inhumana.

El rebote, cada vez más desacomplejado, de solicitantes de asilo. La infame separación de niños de sus familias practicada por la Administración de Trump. Las puertas abiertas a los refugiados de Ucrania, las cerradas a los sirios. La subcontratación a regímenes autoritarios de la tarea de freno de inmigrantes, a sabiendas de que los métodos son los esperables de parte de regímenes autoritarios de esa calaña, y quedándose a gusto con el mero hecho de haber reclamado que todo se haga con pulcritud.

Estos dos últimos apartados —la guerra en Gaza y la inmigración— son los que nos conciernen más ahora. En el primero sigue habiendo

Desmontar el Mito del Progreso y armar el Mito de la Convivencia. Pero se diría que ya no tendremos tiempo para ello… (La razón humana puede muy poco. Lo decisivo, al final, resulta ser más bien asunto de mitos.)

El Mito del Progreso destruye la Tierra. El Mito de la Convivencia activaría los resortes de la compasión, la regeneración y el cuidado.

Rememoremos el Evangelio de la Perdición de Edgar Morin (junto con Brigitte Kern): si «no hay salvación en el sentido de las religiones de salvación que prometen la inmortalidad

---

demasiados gobiernos occidentales que, por la vía de no hacer nada más que pronunciar inútiles críticas, de facto facilitan la continuación de la deshumana acción bélica que Netanyahu lleva adelante y seguirá llevando si nadie le frena, porque así le conviene a él y porque el coste es muy limitado. La orden de cese inmediato de la ofensiva de Israel sobre Rafah emitida por el Tribunal Internacional de Justicia —así como la petición del fiscal Tribunal Penal Internacional de una orden de arresto para Netanyahu y el ministro de Defensa israelí así como para tres líderes de Hamás— es a la vez un recordatorio de la altura de un sistema internacional basado en reglas así como de sus límites de eficacia y de la bajeza de los poderes occidentales que, con limitadas excepciones, no se plantan ante todo esto. Biden había señalado como línea roja para Israel en una operación sustancial en Rafah. De momento, no ha reaccionado. Tal vez ocurra lo mismo que con la línea roja que —en circunstancias diferentes— señaló Obama a El Asad sobre el uso de armas químicas: nada.

En el segundo apartado, el migratorio, tenemos ahora, entre otros movimientos, a 15 países de la UE que reclaman a Bruselas que se avance en esquemas que buscan consolidar la Europa fortaleza, aquella que rebota a todo el mundo sin preguntar, y que se ocupen países terceros, sin muchos miramientos. El marco conceptual de la ultraderecha ha ganado, desde hace años ya.

Los occidentales no estamos a la altura de los grandes valores que profesamos pero, a menudo, no practicamos: democracia, Estado de derecho, una concepción universalista de los derechos humanos, un orden mundial basado en reglas y una idea que sobresale del marco jurídico, la de la dignidad humana.» *El País*, 25 de mayo de 2024.

personal», y tampoco hay salvación terrestre, «como lo prometió la religión comunista, es decir una solución social en la que la vida de cada uno y de todos fuera liberada de la desgracia, del azar, de la tragedia»,[194] si no hay salvación, ¿qué? *Si estamos perdidos, seamos hermanos y hermanas.* «Todos vamos a morir, e incluso la vida acabará muriendo en algún momento, aunque emigremos a otras estrellas, a otros sistemas solares. El Universo se dispersará o se contraerá. Ya que estamos perdidos, seamos hermanos. Es una idea un poco budista…»[195]

Una neumonía, un cáncer, un fallo hepático se nos lleva en un instante. ¿Y posponemos amarnos unos a otros? Vivimos, en promedio, menos de mil meses. Nuestros corazones,

---

194. Edgar Morin y Brigitte Kern, «El Evangelio de la Perdición», extracto del libro Tierra-patria (Kairós, Barcelona 1993); puede consultarse en https://www.climaterra.org/post/el-evangelio-de-la-perdici%C3%B3n . Leemos también en el texto: «Este mundo que es el nuestro es muy débil en la base, casi inconsistente: nació de un accidente, quizás de una desintegración del infinito, a menos que se considere que nació de la nada. De cualquier modo, la materia conocida no es más que una ínfima parte de la realidad material del universo, y la materia organizada no es más que una ínfima parte de esa ínfima parte. Para nuestros espíritus, son las organizaciones entre entidades materiales, átomos, moléculas, astros, seres vivos, las que toman consistencia y realidad; son las emergencias que surgen de esas organizaciones, la vida, la conciencia, la belleza, el amor, las que, para nosotros, tienen valor: pero esas emergencias son perecederas, fugitivas, como la flor que se abre, el resplandecer de un rostro, el tiempo del amor… La vida, la conciencia, el amor, la belleza son efímeros. Esas emergencias maravillosas suponen organizaciones de organizaciones, oportunidades inauditas, corren constantemente riesgos mortales. Para nosotros son fundamentales, pero no tienen fundamento. Nada tienen fundamento absoluto, todo procede en última o primera instancia de lo sin nombre, de lo sin forma. Todo nace circunstancialmente y todo lo que nace está comprometido con la muerte. Entonces: las últimas emergencias, los últimos productos del devenir, la conciencia, el amor, deben ser reconocidos como primeras normas y primeras leyes.»
195. Edgar Morin, *Historia(s) de vida. Conversaciones con Laure Adler,* Eds. La Llave, Barcelona 2023, p. 256.

en promedio, laten tres mil millones de veces. ¿Y posponemos cuidarnos, y cuidar al otro, y cuidar la naturaleza?

La Modernidad europea (luego euro-occidental) despliega un *humanismo de autocreación* ya presente, de forma paradigmática, en la famosa epístola *De hominis dignitate* (*Sobre la dignidad humana*) de Pico Della Mirandola en 1486. Dios crea al hombre como un «ser de figura indeterminada» y la especial dignidad humana consiste en la libertad de autocreación. El ser humano puede determinar por sí mismo su naturaleza, sin trabas externas. El salto desde esta posición a una suerte de auto-deificación humana no resulta difícil. Frente a ello, yo propongo desde hace años un humanismo modesto, de autocontención, terrenal, terrestre, no antropocéntrico. Un *humanismo de autolimitación* que no desatienda el *humus* de lo humano. Ahora bien: no se me escapa que el segundo presupone una forma atenuada del primero, y por eso he dedicado bastante reflexión a la *autoconstrucción* de lo humano.[196]

No somos los amos de una hacienda esclavista; somos los huéspedes de la casa común. Y se trata de ser buenos huéspedes…

La esencia del universo —podemos aprender de sabios como Gregory Bateson o Donella Meadows o Wolfgang Welsch— es la realimentación. «Todo se realimenta», suele decir, sentencioso y alegre, Carlos de Castro. En el ser humano, la forma quizá más importante de realimentación se llama reflexión. Debemos ser más y mejor capaces de ese gesto: volver la mirada sobre nosotros mismos en vez de estar siempre pendientes de estímulos exteriores (ahora canalizados en gran medida a través de pantallas y de la alcantarilla de las «redes sociales»), así como de los juicios con que nos estiman o desestiman

---

196. Jorge Riechmann, *Autoconstrucción. Ensayos sobre las transformaciones culturales que necesitamos.* Los Libros de la Catarata, Madrid 2015; segunda edición actualizada, 2017.

los ruidosos primates lampiños de nuestra tribu. Realimentemos nuestros poderes de racionalidad y compasión. No se trata de ensimismarnos, sino de ejercitar (para fortalecer) lo mejor de cada uno, de cada una. Ya se lo han preguntado ustedes más de una vez: una vida sin examen ¿merece la pena vivirla?

Sin termodinámica y teoría de sistemas no salimos adelante. Pero sin espiritualidad kogui y piedad franciscana tampoco salimos adelante...

El mantra de *systems thinking* con que acaba Carlos de Castro muchos de sus textos: todo se realimenta.

«Ponte en camino... desde la Ciudad de México no vas a saber nunca nada», le dijo una poeta indígena a Francesca Gargallo.[197] Desde el centro, en efecto, casi nada se entiende: hay que pensar el centro desde los márgenes...

«El dilema del siglo XXI es transparente: o el genocidio en defensa de la eterna adolescencia o los votos colectivos de lujosa pobreza».[198] Más adelante diría Emilio: o nos empobrecemos o matamos. Y todavía más adelante se distanciaría de su lucidez juvenil para entregarse a un pragmatismo electoralista de corto recorrido (y ahí ya no podemos seguirle).

El valor último no puede ser la vida como mera supervivencia, sino la vida digna, lúcida y amorosa.

Al menos, este programa de mínimos: no morirme siendo demasiado imbécil.

Más allá del «me gusta / no me gusta»: tratar de comprender.

---

197. Poeta, narradora, profesora, activista... Su libro *Feminismos desde Abya Yala. Ideas y proposiciones de las mujeres de 607 pueblos en nuestra América* (2012) puede descargarse aquí: https://francescagargallo.word-press.com/ensayos/librosdefg/feminismos-desde-abya-yala/
198. Emilio Santiago Muíño, *Rutas sin mapa. Horizontes de transición ecosocial*, Catarata, Madrid 2016, p. 139.

Me puede no gustar la realidad; exhibe en verdad rasgos aborrecibles, muchas veces. Pero exige respeto. Es Doña Realidad.

Desandar lo andado… Avanzar —que no retroceder— desde las «marcas personales» hasta los seres humanos: ¿seremos capaces?[199] La esencia del budismo, según Jack Kornfield: «Sin el yo, no hay problema».

La realidad está bien como está —y aun así ha de ser transformada. (Dice el lama Surya Das, quintaesenciando el budismo: «Somos perfectos tal como somos, y aun así hay trabajo por hacer».)[200]

El mundo está bien tal como es, nos enseñan los maestros de Oriente; es perfecto —y aun así hay trabajo por hacer. «Adaptarse a las cosas armonizándolas, en eso consiste la virtud; amoldarse a las cosas desposándose con ellas, eso es el Tao» (Chuan Zu).

La realidad tiene que ser asumida como es, no como nos gustaría que fuera. Nuestro prójimo ha de ser amado como es,

---

199. Hace tiempo anotaba yo en un libro de poemas en prosa titulado *Desandar lo andado,* escrito en 1996-99 y publicado en 2001: La imposibilidad de que nuestros pies de hoy coincidan exactamente con las huellas que imprimieron ayer no puede ser siempre una excusa para no desandar lo andado.

Desandar lo andado es el movimiento mismo de la razón, como sabemos –al menos– desde los tiempos de Marco Aurelio ("El ser dotado de razón puede hacer de cualquier obstáculo materia de su trabajo, y sacar partido de ello»).

La metamorfosis es posible. Y al alcance del incapaz de ella está por lo menos, incluso bajo adversas circunstancias, desandar lo andado.

Hay otra forma de hacer las cosas. El girasol lo sabe. El petirrojo lo sabe. El molino de viento lo sabe. Que el presidente del gobierno no lo sepa es sólo una contrariedad menor –a condición de que nosotros no perdamos la capacidad de desandar lo andado.

200. Citado por Paul F. Knitter en *Sin Buda no podría ser cristiano,* Fragmenta, Barcelona 2016, p. 328.

no como nos gustaría que fuese. Es la condición previa para poder luego transformar —quizá— aquello que no es como debe ser. «Somos perfectos tal como somos, y aun así, hay trabajo por hacer».

Se puede aquí recordar aquel chiste irlandés que evoca el sociólogo Zygmunt Bauman. En algún remoto lugarejo un forastero detiene su coche y pregunta a un lugareño: ¿por dónde se va a Dublín? Éste lo mira con cierta guasa y responde: si yo quisiera ir a Dublín, no se me ocurriría empezar desde aquí. Comenta Bauman: «Hay mucha verdad en este chiste. Estoy de acuerdo (…) en que éste es un mundo muy poco propicio para iniciar el camino, sería mejor otro mundo, pero no hay otro mundo que éste. No podemos renunciar a llegar a Dublín sólo porque no estamos en el punto de partida idóneo.»[201]

Ojo: reconocer derrotas —porque hemos de hacernos cargo de la realidad, ¿verdad?, aunque ésta sea dura y desagradable— no quiere decir dejar de pelear… Hacerse cargo de una derrota no tiene por qué desembocar en ningún derrotismo.[202]

La música, decía George Steiner, «es el único verdadero tiempo libre que se nos concede antes de la muerte». Bueno, y un par de actividades más… En realidad todas las actividades autotélicas nos conceden esa gracia.

Necesidades básicas: alimento, cobijo, ropa, amor, música, poesía.

Y la poesía, me preguntaréis. La poesía está entreverada con todas las sendas que hemos ido explorando en este breve li-

---

201. Zygmunt Bauman: *Múltiples culturas, una sola humanidad.* Katz / CCCB, Buenos Aires / Madrid / Barcelona 2008, p. 59.
202. Una buena lectura para metabolizar derrotas: la edición de *Gerónimo: historia de su vida* que realizó Manuel Sacristán. Hoy, más fácilmente accesible, Manuel Sacristán: *Sobre Gerónimo,* edición de Salvador López Arnal, Libros del Viejo Topo, Barcelona 2013.

bro: a menudo sendas apenas iniciadas, veredas laterales, trochas que desembocan en lugares amenos donde nos apetece quedarnos un rato, aunque quizá no sea esta vez. Este librito es una invitación a esas exploraciones. Y en cada caso yo recomendaría llevar consigo poemas: por lo general pesan poco en la mochila y hablan en voz baja; pero pueden ayudar en el viaje más que la mayoría de los mapas y saben propiciar más viajes que algunos célebres psicotrópicos. La poesía es muchas veces *mística para principiantes,* como sugieren los versos de Adam Zagajewski:

«El día era apacible; la luz, agradable.: / Un alemán en la terraza de la cafetería: / tenía un pequeño libro en sus rodillas.: / Conseguí ver el título:: / *Mística para principiantes.*: / Al acto entendí que las golondrinas,: / patrullando las calles de Montepulciano,: / con unos silbidos muy penetrantes,: / y las apagadas charlas de los tímidos viajeros de Europa del Este, llamada Central,: / y las garcetas que estaban (¿ayer? ¿anteayer?) / como monjas en los campos de arroz,: / y el ocaso, lento y sistemático,: / borrando los contornos de las casas medievales,: / y los olivos en las pequeñas colinas,: / a merced de los vientos y los incendios,: / y la cabeza de la *Princesa desconocida*: / que vi y admiré en el Louvre,: / y los vitrales de las iglesias como alas: / de mariposa embadurnadas de polen,: / el pequeño ruiseñor que ensayaba su recital: / justo al lado de la autopista,: / y los viajes, todos los viajes,: / eran sólo mística para principiantes,: / un curso inicial, una introducción: / para el examen que quedó aplazado / para más adelante.»[203]

Ya que no podemos retroceder en el tiempo, con la experiencia acumulada, para volver a vivir nuestra vida de mejor manera, ¿sabremos al menos releer bien?

---

203. Adam Zagajewski, *Deseo,* Acantilado, Barcelona 2005, p. 11.

La poesía no sirve. La poesía no sirve a nada. ¿La poesía no sirve para nada? «Hasta que leí las *Cartas a un joven poeta* de Rilke pensé que me estaba volviendo loca», declaró en cierta ocasión Marilyn Monroe.

Donde «no se puede hacer nada», se puede *hacer nada*: las vías del silencio, la poesía, la contemplación.

Broma zen que recuerda Juan Carlos Suñén: aplaudimos una vez, eso es prosa. Ahora lo hacemos, pero con una sola mano: eso es poesía.[204]

«Existe el verso, existe la prosa y existe la poesía, y ésta última puede aparecer en cualquiera de los dos» (John Mc Gahern).[205] Y de hecho puede aparecer también en una canción, en un encuentro, en una fiesta, en una comida conversada, en una interacción cotidiana…

Necesitamos respuestas: pero no nos serán dadas si no sabemos vivir con las preguntas.

Señala Mark Strand que el poema «invita a no replicar». Por eso nos tocan tanto los no tan frecuentes poemas que entablan un diálogo…

La poesía es lenguaje explorador, fruitivo, asombrado, liberado de toda función inmediatamente utilitaria.

Los adjetivos son sospechosos juicios de valor, dice Gonçalo M. Tavares. Los adjetivos son las asas del Ser, replica Anne Carson.

¿Poesía teórica —en el sentido de poesía penetrada de teoría, naciendo quizá de la teoría?— Mi experiencia es otra. Uno trata de pensar, de ver, de sentir, de orientarse en el mundo, y va organizando, quizá, un marco propio de ideas y creencias. Pero con ello sólo se ha abierto un espacio: un lugar donde

---

204. En su conferencia «Poesía (y ruido)», CentroCentro, Madrid, 28 de enero de 2016.
205. Citado por su amigo John Banville en *Babelia*, 2 de enero de 2016.

quizá, de forma imprevista y autónoma, aparecerá un poema.

«Para escribir, tienes que olvidar lo que sabes» —dice Berta García Faet que le dijo Santiago Alba Rico.

Me preguntaban, por enésima vez, si la poesía puede algo frente al capitalismo. La poesía y el arte no pueden casi nada: pero ese *casi nada* es esencial no dejar de intentarlo.

Que tras los horrores del siglo XX se siga creando belleza ya es una forma de esperanza, sostenía Czeslaw Milosz. «La poesía es necesaria para que el ser humano siga siendo humano en un mundo irrespirable», apuntaba Gonzalo Rojas.

¿Sabes qué nos pasa para que nos hayamos extraviado como sociedad?, se pregunta el cineasta Isaki Lacuesta. «Que cuando haces poesía incluyes la política, pero cuando hablas de política no incluyes la poesía».[206]

Lo que de verdad importa, sugiere Edgar Morin, no es la felicidad sino la poesía. En un sentido vital y existencial, más allá de las páginas de los poemarios y las salas de los museos: «Vivir poéticamente es vivir en comunión, en efusión, en amor, en interacción lúdica, en amistad. La poesía es la condición de todo, especialmente de la felicidad».[207]

Nuria Labari habla de «sentir como los poetas para conquistar una forma de estar en el mundo que, como la poesía, se limite a existir, sin horizonte, pegada a la vida».[208] Pero sencillamente existir, pegados a la vida, no es existir sin horizonte, sino más bien situarse ante el horizonte que realmente importa.

Encontrar el bosque en medio de la ciudad. Encontrar la virtud cívica en medio del bosque. Yo he visto la soberanía del hayedo y el vuelo del colibrí.

---

206. Entrevista en *Babelia,* 11 de mayo de 2024.
207. Edgar Morin, *Historia(s) de vida. Conversaciones con Laure Adler,* Eds. La Llave, Barcelona 2023, p. 271.
208. Nuria Labari, «Vacaciones o la falta de imaginación», *El País,* 31 de marzo de 2024.

Ni la acumulación de capital, ni la de conocimiento científico, nos acercan como tales a un mundo donde valga la pena vivir. «Uno escribe porque está desajustado con la vida», dice Ricardo Piglia. Añadamos: no cabe no estar desajustado si uno conserva algo de lucidez.

En la infancia de la poesía moderna, Shelley metía proclamas líricas en botellas que luego arrojaba al mar. ¿Hemos hecho algo diferente después?[209]

La poesía, sostiene Baudelaire, «avanza fraternalmente» entre las filas de la ciencia y la filosofía.

Un poema, aventura Robert Lowell, «es un acontecimiento, no el registro de un acontecimiento».

La poesía, sugiere Olvido García Valdés, es «un lugar donde la lengua no miente».

Aventura Carl Sandburg que «la poesía es un diario escrito por un animal marino que vive en la tierra y quiere volar por los aires».

Para Juan Gelman «la poesía es un árbol sin hojas que da sombra».

Stéphane Mallarmé le aclara a Paul Valéry: uno escribe para que algún día, en alguna buhardilla perdida, un adolescente desconocido lo lea…

Cantar, nombrar, cantar, celebrar, cantar, llorar, cantar, soñar, cantar.

No solamente hace falta talento y esfuerzo para crear jardines y cuidarlos; también, sencillamente, para *ver* los jardines que están ahí.

---

209. «En la pequeña habitación en donde vivo / como Jonás en el vientre de un cetáceo, / pienso: quizás los poemas sólo sean / mensajes enviados por un náufrago, / botellas con gritos pobremente escritos / que acaso vayan desde el mar de los silencios / a las playas del olvido…» Juan Manuel Roca, BOTELLAS DE NÁUFRAGO, poema de su libro *Los ladrones nocturnos* (1977).

Theodore Zeldin reivindica «un *Kamasutra* de la mente que revele los placeres sensuales del pensar», que muestre cómo las ideas pueden coquetear entre sí, besarse y abrazarse.[210] Si enseñas a bailar a las palabras, ellas te enseñarán a bailar.

Una parte de la mejor poesía no es apenas citable: pensemos por ejemplo en Raúl Zurita o en Carlos Aurtenetxe.

¿Poeta? Lo más que uno puede decir es: soy escritor, y tengo la dicha de que de vez en cuando me visite la poesía. A Julio Cortázar le daba vergüenza firmar sus cuentos: «Tengo la impresión de que me los han dictado, de que yo no soy el verdadero autor». En poesía, uno tiene la impresión de recibir regalos.

«Los poemas no hablan de qué; y algunos, que sí dicen de qué hablan, hablan también siempre de otra cosa» (Olvido García Valdés).

El poeta argentino Raúl Gustavo Aguirre, traductor de René Char, confiaba a este último (en una carta de 1954) que la verdad del poema sería *compartirlo todo*.

Un poeta no es más que un ser humano que sabe —que sabe de verdad— que somos animales de lenguaje, que todo se vincula con todo, y que moriremos pronto.

Poesía horizontal y poesía vertical, he sugerido alguna vez (tomando impulso en la *poesía vertical* del gran Roberto Juarroz). Podría ser también: en la horizontal de nuestro ancho mundo, una poesía del NO ante lo inaceptable (que por ejemplo mi amigo Alberto García-Teresa ha declinado como «poesía de la conciencia crítica»).[211] Y en la vertical de espiritualidad laica que se ha explorado en estas páginas, una poesía de cele-

210. Theodore Zeldin, *Historia íntima de la humanidad,* Plataforma Editorial, Barcelona 2014, p. 473.
211. Alberto García-Teresa, *Poesía de la conciencia crítica (1987-2011),* Tierradenadie eds., Madrid 2013.

bración (incluso en medio del extremo duelo) que para mí se concreta en una poesía del AHÍ.[212]

Balbucea el poema porque está aprendiendo a hablar. «El poema es un animal respirante o no es» (José Ángel Valente).

No es nuestra tarea conquistar, sino descubrir. Pinto para saber qué es la pintura, decía Esteban Vicente. Se puede parafrasear: escribo poemas para saber qué es la poesía.

¿Somos conscientes de lo que ocurre cuando hablamos y escuchamos? La tradición bambara nos advierte: la palabra lo es todo. Corta, lastima. Modela, modula. Perturba, vuelve loco. Cura o mata limpiamente. Amplifica, disminuye según su carga. Excita las almas o las calma.

De espaldas a la pantalla, de cara a la ventana. «Dónde habita el extraño que estampa huellas comunales: / en la piel del fango», nos pregunta Eladio Orta. Y Miguel Ángel Bernat:

«No he tenido un hijo: / no he escrito un libro: / mi legado son las cosas: / que he mirado con piedad».[213]

Mi amigo Rafael, en Granada, propone crear un Instituto Superior de Altos Estudios Inútiles. Al maestro Juan de Mairena le hubiera interesado la propuesta… (Qué maravilla hubiera sido que Chuan Zu y Juan de Mairena llegasen a conocerse.)

No necesitamos dinero para acumular más información (ya somos incapaces de usar productivamente la que hay), necesitamos tiempo para comprender. Tratemos de comprender primero; luego ya veremos si toca reír o llorar. Sigamos en eso —como en tantas otras cosas— al viejo Spinoza.

Dos actitudes humanas básicas (puntualizan Enrique

---

212. Jorge Riechmann, *Ahí te quiero ver*, Icaria, Barcelona 2005; *Ahí es nada (nuevos ensayos sobre el mundo y la poesía y el mundo)*, El Gallo de Oro, Bilbao 2014.
213. Miguel Ángel Bernat, *La belleza del silencio*, Calambur, Madrid 2008, p. 9.

Santos Molano y Santiago Mutis): quien da todo lo que puede (como Bolívar a la independencia de las naciones americanas), y se desprende; quien toma, por el contrario, todo lo que puede y acumula. El que no sabe perder, señala Jorge Alemán, «el que no puede perder, el que no aprende a perder, no puede vivir. Vivir es aprender a perder, *sin identificarnos con lo perdido*.»[214]

Toda la vida es vida cotidiana, decimos: y es verdad. Pero también lo es reparar en que lo valioso de lo cotidiano es en cierta forma lo no-cotidiano (lo no banal, lo no automatizado, lo no sonambúlico). Necesitamos la vida cotidiana «transfigurada por la conciencia del valor infinito de cada instante de esta vida cotidiana».[215]

Una higuera, un olivo, una fuente, un emparrado: no hace falta más para materializar el paraíso. El humilde huerto-jardín

---

214. Sigue explicando el psicoanalista hispano-argentino: «En esa pérdida se pone en juego lo más original del sujeto. Siempre y cuando no nos aferremos a lo perdido. El que quiere ganar siempre, el que se quiere quedar con todo, queda preso finalmente de un imperativo de acumulación que no funciona en ninguna lógica deseante. Para mí aprender a perder, cuando tuve que dejar mi país natal tras el golpe de Estado de 1976, fue una lección iluminadora. Por mucho que sufriese la pérdida, no quise quedar fijado en una posición melancólica. Entendí que me podía interesar mucho España sin dejar de sentir la pérdida de Argentina. Y para que me interesase mucho España tenía que soltar con esas comunidades de exiliados que estaban todo el día rindiendo culto a lo perdido. Pasa lo mismo con la vejez, se puede envejecer sin tantos miedos, pero hoy sin embargo vemos viejos terriblemente asustados por todo. Como dice Bifo, hoy estamos gobernados por viejos blancos aterrorizados, como Biden y Putin, que amenazan por llevarse el mundo por delante...» Jorge Alemán (entrevistado por Amador Fernández-Savater), «Política y psicoanálisis no se confunden, pero se necesitan», ctxt, 25 de marzo de 2023; https://ctxt.es/es/20230301/Politica/42505/entrevista-amador-fernandez-savater-jorge-aleman-psicoanalisis-lacan-malestar-sociedad.htm

215. Pierre Hadot en *La filosofía como forma de vida*, Alpha Decay, Barcelona 2009, p. 187.

que sigue siendo, para mí y para mucha otra gente, la mejor representación del paraíso.

«Obedecer a la belleza y desobedecer a todo lo demás», nos recomienda Joaquín Araújo.[216] Si la reconstrucción es imposible, buscaremos lo bello en los pedazos.

Casi todo fue, o será; sucedió, o sucederá; así que ¡atención a lo que es y a lo que ahora pasa! El presente rebosa de regalos. No estar allá. Estar aquí... no tanto. Estar *ahí*.

Empezar por cualquier parte para llegar precisamente ahí.

¿Hemos tenido la dicha de un verdadero encuentro, al menos una vez? «Encontrarnos con alguien, encontrarlo de verdad —y no sólo charlar como si no tuviéramos que morirnos un día— es algo infinitamente raro», observa Christian Bobin a propósito de Emily Dickinson (y su encuentro con el pastor Charles Wadsworth). «La sustancia inalterable del amor es la inteligencia compartida de la vida».[217]

«La amo: aquí termina el mundo, aquí comienza el mundo», escribe René Char cuando en 1932 se casa con Georgette Goldstein, sintetizando la emoción de todos los enamorados que en el mundo han sido.

¿A la caza de lo trascendente? Pero lo trascendente ¿es otra cosa que la manifestación de lo que hay, contemplado con los ojos del amor? *Aquí acaba el mundo, aquí comienza el mundo*, dice el amante a su amada, o ella a él. (¿Cuándo podremos leer las cartas de Tina Jolas a Char?)

La medida de cualquier política o estrategia, decía Lewis Mumford y recoge nuestra compañera Yayo Herrero, es pa-

---

216. Joaquín Araujo, *El placer de contemplar,* Carena, Barcelona 2015, p. 37.
217. Christian Bobin, *La dama blanca,* Árdora, Madrid 2017, p. 106.

sarla a través del filtro del amor. Esperar y juzgar un poco menos; comprender y amar un poco más.[218]

«Pensar sólo en una misma es pensar en la muerte», axiomatizó Susan Sontag. Vivimos de las conexiones, de la participación, del *entre:* somos en el entreser.

Trabajar mejor; cooperar mejor; amar mejor: claro que sí. Pero no olvidemos nunca la básica advertencia de Samuel Beckett: fracasar mejor.

Cuando todo fracasa, nos queda la poesía. No con poder de redención, sino de lucidez compasiva.

En el mundo que prepara el Capital no hay lugar para la humanidad de los seres humanos. (Y se puede recordar aquí la definición de espíritu que propone Carlos Piera: lo específicamente humano del mundo.) Marx no se equivocó en esa previsión. ¿Abriremos los ojos?

Pocas frases expresan mejor el nihilismo capitalista que «gana quien muere habiendo acumulado más juguetes» (consigna atribuida al multimillonario estadounidense Malcolm Forbes).[219]

Pero es mentira. Llega bien al final de su vida quien ha dado y recibido amor, y luchado para que en la Tierra siga siendo posible la maravilla de las vidas bien vividas.

«Los humanos deben hallar hogares fuera de la Tierra para sobrevivir»:[220] Stephen Hawking da voz a una fantasía básica

---

218. Una profunda meditación sobre *Amor radical* nos propuso el sabio octogenario Satish Kumar en 2023 (ed. Kairós).

219. Se atribuye a Malcolm Forbes la frase de «he who dies with the most toys wins», popularizada en los años 1980 en sudaderas, camisetas y pegatinas en los EE UU de Ronald Reagan.

220. «La raza humana tendrá que salir de la Tierra si quiere sobrevivir», entrevista a Stephen Hawking, *El País,* 25 de septiembre de 2015; http://elpais.com/elpais/2015/09/24/ciencia/1443106788_324837.html   .
Es un tema recurrente del gran físico: véase también «El físico Stephen Hawking advierte de que "no podremos sobrevivir sin abandonar nuestro

para la cultura dominante. Pero no, no es eso: no hay planeta B, y para sobrevivir debemos construir comunidades basadas en el amor, la biofilia y el cuidado.

Las generaciones pasadas nos suplican: «Conservad en lo posible el mundo que os hemos legado, pues así algo de nosotras sigue existiendo todavía». Con la degradación del patrimonio histórico quebramos un pacto intergeneracional implícito. ¿Por qué esa ruptura no nos parece igual de evidente cuando degradamos o destruimos la naturaleza?

Los dos «dones mágicos» para que escritores y artistas puedan sumarse a la defensa de la naturaleza: ser espejos de la verdad y obrar con un corazón compasivo.[221]

Venimos del azul y a él regresamos –dice el pueblo mapuche desde Abya Yala.

¿Sabemos ser buenos huéspedes? Heidegger es importante, dice George Steiner, «porque nos enseña que somos invitados a la vida. Y hay que aprender a ser buenos invitados...»[222]

Hay esencialmente dos formas de obtener seguridad —ese bien básico: la acumulación de propiedad, y tener amigos (no sólo amigos personales en la vida íntima, sino también los vinculados por esa amistad política que recogía el término griego *filía*).[223] Sólo la segunda forma queda del lado de la vida (Eros

frágil planeta"», publico.es, 29 de junio de 2016 (http://www.publico.es/ciencias/fisico-stephen-hawking-advierte-no.html).

221. Gary Snyder, *La mente salvaje*, Árdora, Madrid 2016, p. 310.

222. Entrevista en *Babelia*, 2 de julio de 2016.

223. Aristóteles consagra a la *filía* un largo tramo de la *Ética a Nicómaco* (libros VIII y IX). Se trata de una cuestión de primordial importancia, pues «es lo más necesario para la vida. Sin amigos nadie querría vivir, aun cuando poseyera todos los demás bienes (…). Parece además que la amistad mantiene unidas a las ciudades, y que los legisladores consagran más esfuerzos a ella que a la justicia: en efecto, la concordia parece ser algo semejante a la amistad...» (EN 1155a). Esta noción de *amistad como con-*

frente a Tánatos, en una configuración fundamental de ese mito fundante).

En promedio, viviremos menos de mil meses… ¡Aprovechemos el que ahora va a empezar! Y la tarde, y el día… «Nuestra auténtica morada es el ahora. Vivir el instante presente es un milagro», señala Thich Nhat Hanh.

Hedonismo primordial: darse cuenta de que disponer de un bolígrafo o una copa de vino tiene mucho de milagro, y disfrutarlo.

(Hedonismo epicúreo en vez de hedonismo de la mercancía, puntualiza Conrado.)

El problema con el hedonismo no es el hedonismo, es el egoísmo. «Es preciso aprender a gozar más. Esta riqueza es la esencia de la generosidad. Es la sensación de poder desenvolverse sin caer en el miserabilismo» (Chögyam Trungpa). [224]

Cada vez que decimos: «no hay más que un único camino», nos equivocamos. Cada vez que decimos: «esto es irreversible, no tiene vuelta atrás», nos equivocamos.

Te marea la oscilación bipolar entre las ilusiones de omnipotencia y el abatimiento que causa la sensación de impo-

---

cordia en la polis es más o menos lo que hoy llamamos «cohesión social». En estos pasos y otros similares vemos que *filía* tiene para Aristóteles un sentido muy amplio, cercano a lo que nosotros llamaríamos hoy *vínculo social*. A partir de su sentido estricto (una relación entre dos personas donde cada uno desea el bien del otro por sí mismo) se llega a un sentido tan amplio como: «En la amistad civil el zapatero obtiene la compensación debida por sus calzados, y lo mismo el tejedor y todos los demás. Aquí se ha conseguido como medida común el dinero, al cual todo se refiere y con el cual todo se mide…» (EN 1164a). «La elección de la vida en común supone la amistad [*filía*]. (…) El fin de la comunidad política son las buenas acciones y no la convivencia» (*Política* 1281b).

224. En Daniela y Olivier Föllmi: *Ofrendas. 130 pensamientos de maestros budistas,* Lunwerg, Madrid 2016, p. 148.

tencia... Pero una percepción más ajustada te dice que lo que puedes es *poco, pero no nada*. Y ese margen de acción autónoma resulta esencial.

Conciencia —la posibilidad de una lumbrecita, una débil candela que se enciende en medio de los vientos y las oscuridades. Es una frágil posibilidad preciosa. Nutrámosla, cuidémosla, respetémosla.

¿Y cuando casi nada se pueda soportar ya? Quedarán los momentos de belleza, los vínculos de amor y el esfuerzo por no sentir vergüenza ante la mirada de nuestros muertos.

Como lo que se ve venir es siniestro, firmeza: no cederemos nada en la alegría.

«Cae y cae el rocío. / ¿Qué tal si yo lo usara / para limpiar el mundo?» (Basho)

Una errata corrige a otra errata. Los problemas casi nunca se solucionan: son sustituidos por otros problemas.

Encontré unas pocas verdades. Y si no sirvieran para vivir, al menos servirán para morir...

El error del desestimar retrospectivo... Pero la meta no priva de sentido al viaje, ni la muerte desvaloriza la vida. Y el error del determinismo retrospectivo: mirando hacia atrás la historia, nos figuramos que sólo era posible una trayectoria. Pero no es así.

Sabiduría —ésa que no tenemos, pero que buscamos.

Asombroso. ¡Puedes abrir los ojos! ¡Puedes desechar algunas mentiras! ¡Puedes ver! Y nos decía Jane Jacobs: sal a la calle y anda.

Sal a la calle, o al ágora, o al bosque, y anda. Lo primero acaso sería volver a sopesar una palabra como cuando uno contempla una concha fosilizada de hace doscientos millones de años.

¿De dónde sale tanto ruido? Pero también ¿tanta y tanta música? Por qué nunca se inventó un dios de la lentitud —pregunta Peter Handke.

Los clanes originarios de la nación iroquesa: viejo oso, tortuga pintada, roca quieta, ciervo, paloma, gran chorlito, halcón, anguila, lado opuesto de la mano y patata salvaje. «Se ponía la máscara, se transformaba en jaguar, y así conseguía percibir las cosas de otro modo, del modo como las ve el jaguar» (mitología kogui).

Señala Juan Arnau que «sólo hay una cosa que no tiene opuesto: el amor. El amor no tiene opuesto porque el odio es convocado cuando vemos atacado lo que amamos. El odio es una creación del amor».[225]

La poeta y novelista Azahara Palomeque, el 5 de marzo de 2024, escribió un tuit que borró luego pero me interesa rescatar: «La única vía posible de entendimiento entre izquierdas y derechas es la nostalgia, porque a (casi) todos nos reverbera la sensación de un pasado mejor, no neoliberal, aunque las culpas recaigan en partidos distintos. De cómo la trabajemos depende el futuro.» Pero no debería ser la única vía, ni quizá la mejor, amiga Azahara. Si las derechas fuesen conservadoras en el sentido mejor de la palabra, si antepusieran la conservación de lo valioso del mundo a la defensa de la propiedad privada, se abriría un campo amplio de entendimiento con unas izquierdas que a su vez hubiesen hecho autocrítica de su demasiado irreflexiva adhesión a la (des)civilización del capital, ese monstruo que devora el mundo y regurgita productivismo, consumismo y extractivismo.

«La vida es terriblemente dialéctica», decía Gramsci en una carta a su mujer, Julia Schucht.[226]

---

225. Juan Arnau, «La erótica del dato apantalla nuestra luz interior», *El País / Ideas,* 31 de diciembre de 2023.
226. No me resisto a recomendar el ensayo de Francisco Fernández

Necesitamos hablar de espiritualidades (y en particular de ecoespiritualidades), sin olvidarnos del capitalismo.

Necesitamos hablar de capitalismo, sin olvidar las espiritualidades.

Por supuesto que Marx. Y por supuesto que no sólo Marx. Y por supuesto que sin ignorar, de ninguna forma, la tragedia totalitaria del estalinismo.

No podemos esperar gran cosa de la inteligencia del ser humano; pero si dejamos de esperar ese poquito, nos perdemos.

No cabe esperar mucho de las facultades éticas del ser humano; pero si dejamos de esperar esa pizca, nos aniquilamos.

Si algo puede contribuir a salvarnos —y no tenemos muchas opciones— será la capacidad de amar. (Y si «amar» parece demasiado sentimental, no se preocupen ustedes: se puede decir también cooperar, solidarizarse, responsabilizarse y cuidar.)

Las tareas básicas de hoy —un «hoy» que dura desde hace medio siglo— son superar el capitalismo y organizar con justicia el decrecimiento material y energético. Si fracasamos en eso, habremos fracasado en todo.

Imaginemos una ecoespiritualidad como *reforestación interior.* «Emboscarse», escribe Joaquín Araújo; «amazonizarse», sugiere Eliane Brum. La batalla por la *Amazonia centro del mundo* es la pelea por la reforestación de los mundos, los de fuera y los de dentro.[227]

¿Nos desplazamos del «todo está fatal y nos estamos cargando el planeta; pero yo sigo a lo mío, que actúen otros» al «esto me atañe»? ¿Nos situamos en contra del negacionismo (de los hechos) y contra la indiferencia (hacia las responsabilidades)?

Buey sobre el Gramsci epistolar: http://www.rebelion.org/noticia.php?id=49953

227. Eliane Brum, *Amazonia. Viaje al centro del mundo,* Salamandra, Barcelona 2024, p. 52.

Superar el antropocentrismo mediante conversión moral y experiencias estéticas descentradas está muy bien... pero mientras no ataquemos la propiedad privada y las relaciones de producción capitalistas, lo demás no ayudará mucho.

Para aprender a habitar la Tierra (así titulé un «taller conventual» en el antiguo Convento de San Francisco, Soto-Iruz, en la primavera de 2024), el paso primero y más importante es salir a toda prisa del capitalismo. Luego podemos hablar de todo lo demás. Pero sin ese paso, casi todo lo demás (incluyendo las ecoespiritualidades) sobra.

Comenzábamos este breve libro hablando de un fin de mundo. Habrá que concluirlo volviendo, con Eliane Brum, sobre esta cuestión: «Los pueblos originarios entienden de fin del mundo. Para quienes recibieron la *visita* de los europeos, como ironiza Ailton Krenak, el mundo terminó en el siglo XVI. Se calcula que el 95% de los indígenas fueron exterminados por virus y bacterias que cruzaron el océano a bordo de los cuerpos de los invasores. Lo que los colonos y las élites locales no sospecharon es que los indígenas seguirían existiendo y resistiendo quinientos años después a todos los apocalipsis que vinieron a continuación. Con la pandemia [de la covid-19], los no indígenas finalmente han entendido que quienes pueden enseñarles a vivir después del fin del mundo son precisamente quienes cuelgan de sus bordes. Cada vez es más evidente que no se puede salir del abismo con el mismo pensamiento de tradición occidental que lo ha excavado».[228]

Escribió Alan Watts que puesto que el mundo no va a ninguna parte, no hay prisa. Ahora bien: si nuestro mundo sí que va a alguna parte (y nada apetecible, por desgracia), puesto que nos encaminamos a un final de mundo, ¿habría prisa?

228. Eliane Brum, «Ailton Krenak, el pensador indígena que mira al cielo», *El País,* 24 de mayo de 2020; https://elpais.com/ideas/2020-05-23/el-pensador-indigena-que-mira-al-cielo.html

No, tampoco en esta poco frecuente y nada amable situación.

En un taller sobre *aprender a habitar la Tierra,* celebrado en el antiguo convento franciscano de Soto Iruz a comienzos de junio de 2024, Nando evocó las cuatro preguntas de la *Deep Adaptation* de Jem Bendell, en forma de 4R: 1) Restaurar: ¿qué tenemos que restaurar? 2) Renuncia: ¿a qué habríamos de renunciar? 3) Resiliencia: ¿qué valoramos profundamente y no podemos permitirnos perder? 4) Reconciliación: ¿con qué hemos de hacer las paces[229]?

Desde el trenecito de vía estrecha, muchas vacas… Pero por fortuna también, de vez en cuando, una corza.

Encerrados en el corredor de la muerte, ¿nos concedemos tiempo para jugar? ¿No sería mejor conservarlo para el amor y para el duelo?

Reservemos tiempo para el amor y para el duelo, pero no olvidemos la lección de Sócrates: un rato antes de beber la cicuta, se dedicaba tranquilo a aprender la postrera melodía de flauta. La vida es importante, la muerte es importante, pero la melodía también es muy importante.

La depresión, sugería Gustavo Martín Garzo en una entrevista hace algunos años, surge cuando se corta el diálogo con el mundo al que pertenecemos, «cuando de pronto el alrededor enmudece y no hay posibilidad de mantener un diálogo con nada».[230] Pero el mundo vivo, aunque agonizante de muchas

---

229. «Visiones escatológicas: un modelo de reconciliación», 2 de junio de 2020, en https://www.reddetransicion.org/visiones-escatologicas-un-modelo-de-reconciliacion/
230. Gustavo Martín Garzo, «No me hagas daño», *El País,* 17 de octubre de 2020.

formas, sigue aún en vida: podemos mantener el diálogo con la tórtola, con el musgo, con la nube. Por eso, nos iremos acercando al final sin duda con tristeza y duelo, pero (ojalá) sin amargura ni depresión.

No aspiro a «crear un mundo propio» (lo que se supone representa la máxima aspiración de un escritor), sino a habitar de verdad, hasta el fondo, el mundo que hay, nuestro mundo común. Ese mundo «grande y terrible» (Antonio Gramsci) que deberíamos haber podido cambiar, y a cuyo final asistimos.

«Cuando personajes prudentes como el secretario general de la ONU o el ex diplomático español Miguel Ángel Moratinos dicen que *la humanidad ha abierto las puertas del infierno* al ignorar el calentamiento global e incumplir los objetivos impuestos, y que nos encontramos *al borde de la Tercera Guerra Mundial*, expresan el mero sentido común de cualquier persona despierta. Efectivamente, en comparación con situaciones del pasado el mundo de hoy es peligroso por la combinación y correlación de dos crisis, la una dentro de la otra: la crisis del declive occidental y la crisis del Antropoceno, o mejor dicho del capitalismo antropocénico. (…) ¿Cómo se lee lo de Gaza a la luz de la combinación de estas dos crisis? ¿Qué mensaje lanza la complicidad occidental con la evidente y criminal negación del principio de igualdad entre seres humanos en el siglo XXI que se observa allá? Sin duda un mensaje y un aviso sobre cómo la parte privilegiada de este mundo pretende *solucionar* el callejón sin salida al que nos ha conducido el sistema capitalista. Es decir: la *solución* de mantener islas de libertad y derecho estrictamente protegidas por ejércitos y armadas para, digamos, el 20% de la población mundial, y excluir, recluir y si es necesario exterminar al resto en zonas humana y ambientalmente desastradas. El sociólogo Immanuel Wallerstein decía que esto podía no ser muy diferente del orden pregonado por Hitler y los nazis…»[231]

El doctor Abu Nujaila, de Médicos sin Fronteras, murió en un bombardeo al hospital Al Awda en Gaza. Dio la vida por su decisión de no abandonar a enfermos y heridos, en medio del ataque genocida contra el pueblo palestino que Israel emprendió en el invierno de 2023-24, como respuesta al *raid* terrorista de Hamás (7 de octubre de 2023). «Hicimos lo que pudimos.

---

231. Rafael Poch de Feliu, «Un genocidio entre dos crisis. Consideraciones sobre el futuro y el pasado del actual mundo peligroso», *ctxt,* 20 de diciembre de 2024; https://ctxt.es/es/20241201/Firmas/48139/rafael-poch-genocidio-gaza-gustavo-petro-cambio-climatico.htm. Escribe también Poch de Feliu:
«Esta brutalidad tiene precedentes en las sociedades europeas más sofisticadas y cultas. Caracterizó la colonización euroamericana del *Nuevo Mundo* en la que los colonos europeos mataron a más de 55 millones de indígenas en América del Norte, Central y del Sur a lo largo de cien años, hasta el «periodo civilizador» de los siglos XIX y XX, durante el cual Occidente llevó a cabo las más brutales y salvajes campañas de violencia y exterminio en todo el mundo bajo la bandera de la modernidad y el desarrollo, particularmente en África y Asia, pero también incluso dentro de las propias fronteras europeas. Hacer en Europa algo que en los territorios coloniales no era nada excepcional, fue lo que convirtió a los nazis en criminales, como observó el fundador de la India moderna Jawāharlāl Nehru en un libro escrito en 1942 en una prisión colonial británica. El racismo colonial de Occidente es el nexo cultural e ideológico de las potencias occidentales con Israel, el *valor europeo*, si se quiere, que explica la complicidad y la evidente negación del principio de igualdad entre seres humanos en el siglo XXI. La comprensión ante el *derecho a defenderse de Israel* en países como Alemania, Francia o Inglaterra es resultado directo de la común historia colonial. Al fin y al cabo ¿qué está haciendo Israel en Palestina que no hiciera Francia en Argelia e Indochina cuando los de mi generación éramos niños? ¿O Inglaterra en la India de lo que Mike Davis llama el *holocausto tardo-victoriano*? ¿O Alemania con el genocidio herero y namaqua en la actual Namibia a principios de siglo, cuando nuestros abuelos eran niños? "Gaza", dice Gustavo Petro, "es el espejo de nuestro futuro inmediato". Y me permito añadir: también el retrovisor de nuestro pasado.»

Recordadnos», dejó escrito en la pizarra para planificar cirugías.[232]

Luchar contra lo monstruoso sin convertirnos en monstruos: ése es el desafío.

Primero, hacernos cargo de la realidad: decir adiós al generalizado negacionismo. Y segundo, que la respuesta a ese abrir los ojos no sea la de la ultraderecha («¿me estás diciendo que sobran mil millones de negros?») sino la afirmación de la solidaridad: *no dejar a nadie atrás,* pero en serio. «Aprender a compartirlo casi todo bajo principios de suficiencia, reparto, cuidados y precaución».[233]

¿De qué estamos hablando, entonces? De ética. De esa ética básica (no desconectada de la política: *poliética*) que nos constituye como seres humanos. Si sucumbimos en esta crisis de civilización habrá sido, a la postre, por un enorme fracaso moral.

Una madre náhuatl (azteca) instruye a su hija en los *Testimonios de la antigua palabra,* deseándole no sufra en la Tierra, donde la vida es difícil: «¿Cómo vivirás al lado de la gente? Porque en lugares peligrosos, en lugares espantosos, con gran dificultad se vive. Así hay aspereza en la tierra. Porque se acaban los rostros de la gente, los corazones de la gente y los hombros de las personas, las espaldas, los codos, las rodillas…»[234] Todo lo humano termina. Sí: tener plena conciencia de nuestra finitud y de la dificultad de vivir —y aun así decir sí a la vida.

Hermana muerte, llegaba a decir Francisco de Asís. Hermano dolor de rodilla, podemos decir, sin llegar a tanto.

---

232. Lo recuerda Mar Padilla en «¿Es inevitable la guerra para el ser humano?», *El País / Ideas,* 31 de diciembre de 2023.
233. Yayo Herrero, *Los cinco elementos,* Arcadia, Barcelona 2021, p. 14.
234. *Testimonios de la antigua palabra* (edición de Miguel León-Portilla y Librado Silva Galeana), Historia16, Madrid 1990, p. 75.

Seamos fermento, semilla, germen, espora, levadura, catalizador… Por mí que no quede. Por nosotros y nosotras que no quede. (Y Beatriz entonces matiza: pero por mí, también, que quede.)

El poema no es el mundo, nos dice Mary Oliver. «No es siquiera la primera página del mundo // Pero el poema quiere florecer, como una flor. / Sabe tanto como eso. // Quiere abrirse, / como la puerta de un pequeño templo, / para que puedas adentrarte y estar fresca y revivir, / y ser menos tú misma que parte de todo.»[235]

«Prestar atención, ésa es nuestra verdadera e infinita tarea».[236]

La vida no es útil, nos dicen los sabios, es una danza cósmica.[237] La vida no es útil: tiene sentido en sí misma, no remite a otra cosa fuera de sí misma. El sentido de la vida es vivir.

«Nos vemos», decimos a veces para despedirnos. «Nos estamos viendo», puede intensificarse la fórmula (en México por ejemplo). Sí: que seamos capaces de vernos de verdad, de mirarnos a los ojos, de abrazarnos, de estar presentes el uno para el otro. En Ecuador estiman que en las despedidas, más que decir «adiós», conviene esto: «voy y vuelvo».[238]

235. Mary Oliver, *Devoción,* Lumen, Barcelona 2025, p. 391.
236. Oliver, op. cit., p. 437.
237. Ailton Krenak, *La vida no es útil,* Eterna Cadencia, Buenos Aires 2023, p. 78. Y Amalia recuerda entonces a Sánchez Ferlosio: «Tener el derecho a que mi vida no haya servido para nada».
238. He usado algunos fragmentos (reelaborados) de mi *Tuits para el siglo de la Gran Prueba. Disparos con parábola* (Plaza y Valdés, Madrid 2017). Por otra parte, he desarrollado de manera más sistemática buena parte de los asuntos que aborda este opúsculo en mi libro *¿Vivir como buenos huérfanos? Ensayos sobre el sentido de la vida en el Siglo de la Gran Prueba* (Los Libros de la Catarata, Madrid 2017), al que remito para profundizar.

Índice

*La segunda edición de este libro se terminó
de imprimir el 5 de junio de 2025,
Día Mundial del Medio Ambiente.*